AF542379

Champs visuels

Collection dirigée par Pierre-Jean Benghozi,
Raphaëlle Moine, Bruno Péquignot et Guillaume Soulez

Une collection d'ouvrages qui traitent de façon interdisciplinaire des images, peinture, photographie, B.D., télévision, cinéma (acteurs, auteurs, marché, metteurs en scène, thèmes, techniques, publics etc.). Cette collection est ouverte à toutes les démarches théoriques et méthodologiques appliquées aux questions spécifiques des usages esthétiques et sociaux des techniques de l'image fixe ou animée, sans craindre la confrontation des idées, mais aussi sans dogmatisme.

Dernières parutions

Maxime SCHEINFEIGEL, *En cinéma, des figures de l'autre*, 2020.
Yohann GUGLIELMETTI, *Musique et cinéma, l'union libre*, 2020.
Deise RAMOS, *Nelson Pereira dos Santos et l'invention d'un cinéma national*, 2019.
Louis-Albert SERRUT (dir.), *Le cinéma de Jean-Luc Godard et la philosophie*, 2019.
Delphine CHEDALEUX et Mélisande LEVENTOPOULOS (dir.), *Cinéphilies plurielles dans la France des années 1940-1950,* 2019.
Joseph KORKMAZ, *Présence du cinéma libanais*, 2019.
Ana VERA, *Le cinéma portugais, Histoire, Culture et Société 1963-2015,* 2019.
Etienne JEANNOT, *Les stratégies de la peur dans le cinéma d'horreur*, 2019.
Paul OBADIA, *La Belle et la Bête* de Jean Cocteau, 1948, Une affaire de genre, 2019
Michel ESTÈVE, *Bernanos au cinema*, 2019.
Juan MARIN, *Le JEU des MÉNINES de PICASSO. Petit guide pour une lecture interactive*, 2019
Frédéric HARDOUIN, *L'art cinématographique selon Godard. Introduction aux* Histoire(s) du cinéma *de Jean-Luc Godard*, 2019.
Dominique CHATEAU, *Contribution à l'histoire du concept de montage, Kouléchov, Poudovkine, Vertov et Eisenstein*, 2019.
Laakri CHERIFI, *L'image du corps féminin dans* Les Silences du palais, *Corps opprimé ou rebelle*, 2019.
Éric COSTEIX, *Georges Franju. L'image désincarnée*, 2019.
Noël BURCH et Geneviève SELLIER, *La drôle de guerre des sexes du cinéma français (1930-1956)*, 2019.
Franck TOURRET, *Alain Resnais, le pari de la forme*, 2019.

LES GUERRES DE JEAN-LUC GODARD

5-7, rue de l'École-Polytechnique, 75005 Paris

http://www.editions-harmattan.fr

ISBN : 978-2-343-20216-7
EAN : 9782343202167

Pascal Noblet

Les guerres de Jean-Luc Godard

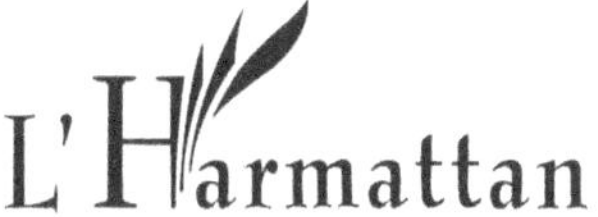

Du même auteur

L'Amérique des minorités, les politiques d'intégration, L'Harmattan, 1993

Quel Travail pour les exclus, Dunod, 2005

Pourquoi les SDF restent dans la rue, L'Aube, 2010, réédition L'Aube poche 2014

Dysfonction publique, L'Etat social vu de l'intérieur, Lemieux éditeur, 2016

Couverture : œuvre originale de l'auteur

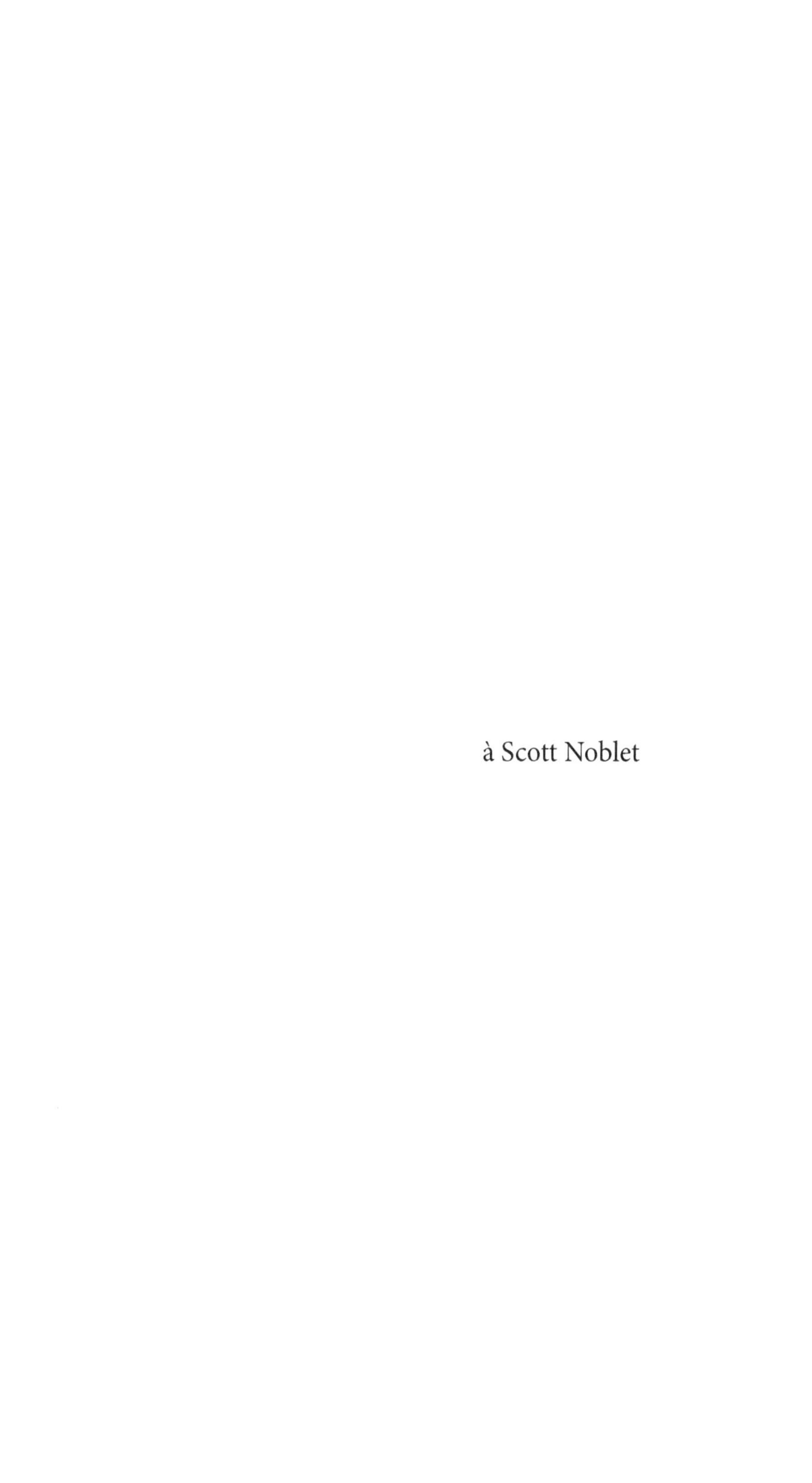

à Scott Noblet

Pour qui s'intéresse un tant soit peu à la figure de Jean-Luc Godard et à son cinéma, trois images de l'homme et de son art viennent immédiatement à l'esprit : le Godard des *Sixties*, flamboyant, provocateur, dynamiteur de formes, libertaire, c'est le Godard d'*A bout de Souffle,* du *Mépris* et de *Pierrot le fou*, le seul Godard connu du grand public ; puis vient le Godard de l'après-Mai 68, c'est le Godard doctrinaire, celui qui ne jure que par la pensée Mao-Tsé-toung et dont les films ne sont vus par personne ; enfin le Godard de la maturité, vénéré par des petits cercles critiques qui voient dans son cinéma, unique en son genre, une démarche réflexive par rapport à l'Histoire et un pôle de résistance inébranlable face aux dérives de l'ultra libéralisme.

Le parcours de Godard et son œuvre apparaissent donc comme marqués du sceau d'une grande discontinuité. Un peu à l'image d'un Picasso ou d'un Matisse, qui, plusieurs fois dans leur vie, ont complètement renouvelé leur manière de peindre. Pourtant, entre le jeune Godard des années cinquante, passionné d'art et farouchement à l'écart de tout engagement politique et le Godard de la maturité, qui n'a que mépris pour les médiocres jeux du cirque politique et médiatique, il y a plus qu'une ressemblance. Surtout il y a une même manière de s'exprimer par-delà les années. S'il y a bien un trait que chacun, qu'il soit fan du cinéaste ou qu'il le déteste, lui reconnaît, c'est la virulence, les mieux disposés diront la vigueur, avec laquelle il communique. Particulièrement dans ses films tardifs mais c'était déjà le cas dès *A Bout de Souffle*, le cinéaste se plaît à affirmer sur un ton qui ne souffre pas la réplique. Cette façon de dire est porteuse, à tout le moins, d'un effet d'autorité[1]. Disons-le, il y a de la violence dans ce ton-là.

Les défenseurs de Godard ne voient là rien de choquant. Le Godard qu'ils chérissent, est un homme de combat. Il est celui qui ne cesse de guerroyer contre tous les aplatissements de la pensée et toutes les formes de l'oppression politique. Sa violence a la légitimité d'une contre-violence. Au demeurant, c'est une violence qui ne s'exerce que dans le champ artistique.

Daniel Cohn-Bendit a livré ce qui lui semble être à la source de cette contre-violence chez son ami Godard. « Il faut bien comprendre ça, si l'on veut comprendre Godard : toute sa vie est une révolte permanente contre son origine, contre sa famille qui appartenait à la grande bourgeoisie suisse, raciste et fascistoïde. C'est ça qui le fascinait dans la révolte de 68 et aussi dans le maoïsme – pour lui il fallait que ce soit le plus radical possible. (…) . Quel que soit l'engagement de Godard, il prend toujours la position la plus radicale[2]. »

---

1 George Didi-Huberman, *Passés cités par JLG, L'œil de l'Histoire, 5,* éd de Minuit, p. 26-30.

2 Daniel Cohn-Bendit, « Mon ami Godard », texte initialement paru dans *Le Monde,* 26/27 déc. 2010, repris dans *Dialogues dans le cinéma, Jean-Luc Godard, Marcel Ophuls*, Le Bord de l'eau, 2011, p. 88.

Le Godard de la maturité reviendra à diverses reprises sur son enfance et son adolescence. Dans *JLG/JLG Autoportrait de décembre (1993)*, il mettra en scène une photo de lui, jeune adolescent, qui le montre solitaire et triste. Godard commente : « J'étais déjà en deuil de moi-même, mon propre et unique compagnon (...) le passé n'est jamais mort, il n'est même pas passé. »

Cette photo a été prise dans les années quarante en pleine Seconde Guerre mondiale. Le commentaire qu'en fait Godard, revient à le présenter rétrospectivement comme envahi par l'Histoire de cette période. Non que Godard ait eu à souffrir de la guerre. Au contraire, vivant en Suisse, il a une enfance et une adolescence très préservées. Mais justement, cette préservation va être à la source du sentiment de culpabilité dont il fera état plus tard. « Moi j'ai vécu pendant la guerre, je me suis aperçu après que mes parents étaient d'une famille de collaborateurs[3]. » Il leur reprochera de ne rien lui avoir dit de ce qu'il se passait en Europe, alors que son père, un médecin qui en Suisse intervenait dans le cadre de la Croix-Rouge, savait sûrement des choses. Godard aurait dit une fois à son ami Romain Goupil : « Quand j'étais enfant, je marquais les avancées de la Wermacht avec des petits fanions[4]. »

Ce retour du passé « qui n'est même pas passé », formule que Godard emprunte à William Faulkner sans le citer, n'a en soi rien d'étonnant. Cela a correspondu à la levée progressive du tabou sur cette période que firent peser après-guerre les gaullistes et les communistes. Il était de l'intérêt des uns et des autres de faire vivre le mythe d'une France unanimement résistante. Lentement se levèrent les voiles

3 Jean-Luc Godard, *Introduction à une véritable histoire du cinéma*, Editions de l'Albatros, 1980, p. 59.

4 Daniel Cohn-Bendit, op. cit., p. 91.

qui masquaient une réalité autrement moins glorieuse. A partir des années soixante-dix, s'est développé ce qu'Henri Rousso a justement nommé le « syndrome de Vichy » : vinrent des films, des témoignages, des polémiques, des procès très médiatisés, des reconnaissances officielles. Apparut en pleine lumière la collaboration de l'Etat français à l'entreprise d'extermination des Juifs[5].

Le retour du passé chez le cinéaste de la maturité invite à reconsidérer le désengagement professé par le jeune Godard dans les années cinquante. Il semble qu'il y entrait une large part de déni. Godard aime présenter rétrospectivement les films de la *Nouvelle Vague* comme des films sans prétention, « des histoires de filles et de garçon ». Mais, écho du terrible trauma que venait de subir l'Europe, ces films-là sont fréquemment des films sombres qui se concluent par la disparition tragique du héros masculin.

L'Histoire, la politique ne tarderont pas à rattraper Godard. Il se confronte, dès *Le Petit Soldat*, son second long métrage, à la guerre d'Algérie. Certes le point de vue qu'il y défend, consiste à renvoyer dos à dos les services secrets français et les hommes de l'ombre du FLN. Mais la guerre est là, bien présente, pas seulement en toile de fond de la romance entre Bruno (Michel Subor) et Véronica (Anna Karina). *Les Carabiniers (1963)*, son cinquième long métrage, sera lui aussi consacré à la guerre. Certes il s'agira d'une guerre bien bizarre, une guerre de dérision. Une fois encore Godard refuse de choisir son camp. Mais survient peu après le formidable engagement militaire américain au Vietnam. Cette fois Godard change son fusil d'épaule. Il va s'investir corps et âme dans le mouvement antiguerre.

5 Henri Rousso, *Le Syndrome de Vichy, de 1944 à nos jours*, Seuil, 1987.

Tant que durera cette guerre, le Vietnam sera toujours présent dans son cinéma, envahissant même. Pas un film où la guerre du Vietnam ne sera pas évoquée, montrée, dénoncée. La lutte contre la guerre du Vietnam sera chez lui fondatrice. A partir de ce noyau, la lutte contre l'impérialisme américain s'élargira peu à peu à une guerre ouverte contre l'Amérique sous toutes ses formes et, au premier chef, contre Hollywood. C'est autour de cet axe que viendront peu à peu s'agréger les éléments de sa pensée. Voilà qui mérite qu'on s'y arrête.

Le cœur du mouvement antiguerre battait aux Etats-Unis. Godard est invité à se rendre en Amérique. Il y est accueilli en héros de la contestation, en quelque sorte le Bob Dylan du cinéma. Sur les campus, ses conférences se transforment en autant de meetings. Godard fait partie des quelques français qui se frottent intimement à ce qu'on appelle alors le *Movement*.

Le *Movement* est extrêmement divers de par les causes qui l'animent comme par les méthodes d'action qu'il promeut. On y trouve quelques *radicals* férus de lutte de classes, qui, à l'image de leurs cousins européens, promeuvent l'objectif d'une révolution dirigée par un parti d'avant-garde. On y trouve en plus grand nombre des militants des droits civiques, des pacifistes qui agissent de façon non-violente, des partisans d'une vie alternative (communautés, drogues, libération sexuelle,...) ; on y trouve les pionnières du renouveau féministe et les premiers militants écologiques.

Godard est devenu un *radical* mais il n'est pas encore englué dans une idéologie. Il est perméable à cette contre-culture américaine. Son cinéma en portera quelque temps la trace. Sa pente libertaire aurait pu l'orienter vers une sorte de synthèse entre le progressisme américain et le mouvement plus directement politique qui allait trouver son *climax* dans le Mai 68 français.

Malheureusement, Godard, qui intellectualise alors à marche forcée son engagement, va, comme tant d'autres, faire rapidement son miel des marqueurs traditionnels de la gauche française. Rien de bon ne saurait venir des Etats-Unis, terre d'élection du capitalisme, du racisme, du puritanisme, où les idées de lutte de classes et de socialisme n'ont jamais pris véritablement racine. On ne saurait prendre au sérieux cette contre-culture qui prétend changer la société à coup de drogues, de fanzines, de libération sexuelle, de *pop music*. Dans une interview restée fameuse, Sartre dira, au mitan des années soixante, qu'il faut couper tout contact avec les Américains, y compris les militants antiguerre[6]. Godard lui emboîtera le pas. Ses films de la fin des années soixante, particulièrement *One+One*, illustrent ce rejet.

Incidemment on peut se demander si la place qu'occupa progressivement le nouveau féminisme dans la contre-culture, ne fut pas une raison supplémentaire du désaveu godardien. La *Nouvelle Vague* a peu renouvelé le regard du cinéma sur les femmes. Certes on y parle de la pilule et on y combat la morale traditionnelle en matière de mœurs mais c'est encore, comme l'analyse Geneviève Sellier, « un cinéma au masculin singulier[7] ». Qu'on ne s'y trompe pas, le Godard des *Sixties* met en scène des jeunes femmes modernes mais il se livre vis-à-vis d'elles à une sourde guerre des sexes. Parfois l'hostilité est déclarée. En 1969, dans *British Sounds*, il trouve judicieux de demander à Sheila

6 Jean-Paul Sartre, « Il n'y a plus de dialogue possible », *Le Nouvel Observateur,* 1er avril 1965.

7 Geneviève Sellier, *La Nouvelle vague, Un cinéma au masculin singulier*, CNRS Editions, 2005

Rowbothan, l'auteure d'un des premiers manifestes du *Women's Lib* anglais, de descendre et remonter nue un escalier pendant que sont entendus des extraits de son texte. L'auteure ayant refusé, la séquence s'achève sur un gros plan du pubis de l'actrice qui a accepté le rôle. Il faudra attendre les années soixante-dix pour que Godard, sous l'impact de sa nouvelle compagne Anne-Marie Miéville, accorde un crédit, très relatif, à la revendication féministe.

Last but not least, Godard abandonne à la fin des années soixante l'humour qui en bonne partie désamorçait le Godard péremptoire. Restera la violence. Pas seulement dans le ton, également dans la pensée, et cela même bien après qu'il ait pris ses distances avec l'engagement maoïste.

S'il y a bien un legs de Mai 68 qui ne fut pas heureux, ce fut le recours complètement hypertrophié à l'insulte « Fasciste ! ». Idem le slogan qui a tant résonné dans les rues : « CRS SS ». Expressions parmi d'autres du « syndrome de Vichy », comme le fut la propension des militants dont se sentait proche Godard, à s'autoproclamer fer de lance de la « Nouvelle Résistance », ces formulations illustrèrent que désormais, dans l'imaginaire politique français, les hommes ou les idées que l'on combat, se doivent d'être assimilés au nazisme.

De fait, chez Godard, tout ce qu'il combat sera peu ou prou dénoncé comme une forme de résurgence du nazisme. Comme s'il livrait maintenant la guerre qu'il n'a pu faire enfant et que ni sa famille, ni le cinéma, selon lui, n'ont menée.

Cela commencera à propos d'André Malraux. En 1966, Malraux, alors ministre des affaires culturelles, ne s'oppose pas à la décision du pouvoir gaulliste d'interdire la sortie du film *La Religieuse*, adaptation par Rivette du texte de Diderot. Godard prend la tête du mouvement de protestation contre cette censure. Il publie dans le *Nouvel Observateur* une lettre qu'il adresse au « ministre de la Kultur ». Dénonçant une « lâcheté profonde », il écrit : « Comment pourriez-vous m'entendre, André Malraux, moi qui vous téléphone de l'extérieur, d'un pays lointain, la France libre[8]. » Eu égard au passé de Malraux, le parallèle avec l'Occupation était pour le moins excessif et injurieux.

Godard fera beaucoup plus fort, quelques années plus tard, en désignant les Juifs d'Israël comme des nouveaux nazis ! Apparue pour la première fois dans *Ici et ailleurs (1976),* la thèse selon laquelle les Juifs font aux Arabes ce que les nazis ont fait aux Juifs, aurait pu faire figure de dérapage tributaire des excès d'une époque. Mais Godard, en dépit de toutes les pressions, n'en démordra jamais[9].

Dans les années soixante-dix, Godard s'en prend aux média, particulièrement à la télévision. Elle aussi sera accusée d'avoir partie liée avec le nazisme, ne serait-ce que parce que l'*iconoscope*, un ancêtre du tube cathodique, a été inventé en 1933, année durant laquelle Hitler accède au pouvoir…

A partir des années quatre-vingt, Godard entame le grand œuvre qui le mobilisera une dizaine d'années, *Histoire(s) du cinéma.* Il s'agit d'une vaste réflexion croisant l'His-

---

8 Antoine de Baecque, *Godard biographie,* Grasset, 2010, p. 322.

9 Ibid. , p. 531. Antoine de Baecque précise en note : « Avancée dans *Ici et Ailleurs,* cette affirmation est sans cesse reprise par Godard, jusque dans le documentaire d'Alain Flescher, *Morceaux de conversation avec Jean-Luc Godard,* réalisé entre 2004 et 2006, dont une part importante tourne autour de cette question, notamment une longue conversation entre Jean-Luc Godard et Jean Narboni à propos de *Ici et Ailleurs.* » Note 35, p. 865.

toire et l'histoire du cinéma à base d'extraits de films, de photogrammes et d'extraits de films d'actualités. L'œuvre connaîtra de nombreux prolongements ultérieurs en termes de courts, moyens et longs métrages. Pour le cinéaste, l'enjeu est de nous faire approcher ce qu'aurait pu être le cinéma s'il n'avait pas été dévoyé par les forces de l'argent. « Le cinéma était fait pour penser » nous dit-il. Malheureusement Hollywood et sa formidable industrie, en ont fait un univers aveugle aux réalités du monde. Le cinéma a été vidé de sa substance. *Histoire(s)s du Cinéma* se présente comme une immense déploration. Tout n'est pas perdu pour autant. De ce tombeau, le cinéaste parvient à ressusciter ce qui peut l'être. Grâce à lui, le septième art ne mourra jamais tout à fait.

C'est au cœur de cette fresque d'une durée de quatre heures trente que le *syndrome de Vichy* atteindra son *climax* chez le cinéaste. Au cœur de ce travail, Godard nous livre une formule choc bien dans sa manière : « La flamme s'éteindra définitivement à Auschwitz. » Entendons par là que le cinéma aurait commis l'irréparable en ne faisant pas tout ce qui aurait pu être en son pouvoir pour alerter, dénoncer, combattre l'extermination. Comme la télévision, le cinéma a donc partie liée avec le nazisme. Et cette complicité a perduré. Après-guerre, nous dit Godard, le cinéma n'a pas voulu montrer les camps. La thèse croise le sentiment des déportés selon lequel la société dans laquelle ils revenaient, n'avait aucune envie de les entendre. « On n'a pas voulu voir » dit Godard. C'est en partie vrai mais la conclusion qu'il en tire, selon laquelle ce serait ce déni collectif, exemplifié par le cinéma, qui aurait ouvert la voie aux nouveaux conflits apparus depuis et à leurs cortèges d'horreurs, est pour le moins farfelue.

Godard ne cesse de voir partout l'ombre portée du nazisme. Ainsi, à peine libérée, l'Europe serait tombée à nouveau sous son joug. Pourquoi ? Parce qu'elle est passée entièrement sous domination américaine, les Etats-Unis, eux, s'étant au passage nazifiés. Tirer le plus grand trait d'égalité possible entre les Etats-Unis et l'Allemagne nazie devient une constante de la pensée godardienne. Sans doute parce que, comme il l'explique dans une interview au journal *Le Monde* du 5 septembre 1991, « Ravensbrück : stade suprême du capitalisme : ne pas donner de subsistance au corps des travailleurs. »...

Vue sous cet angle, la réunification allemande n'est qu'« un paysage de l'Est qui a été repris par son ancien propriétaire[10] ». Dans *Allemagne 90 neuf zéro (1991)* Godard fait dire à une jeune prolétaire de l'Est à qui il est demandé pourquoi, après la chute du mur, elle a voulu venir travailler dans la partie Ouest de l'Allemagne : « Arbeit macht frei. »

Le paradoxe, c'est que l'énormité qui se love dans toutes ces thèses, semble avoir toujours eu pour effet d'en disculper l'auteur. Bien qu'en diverses occasions, des voix se soient élevées pour juger que certains propos et certains arguments du cinéaste présentent un caractère anti-juif, Godard n'a jamais été attaqué en justice.

Coûte que coûte, les thuriféraires veulent n'y voir qu'encouragements à combattre les ravages de l'ultralibéralisme. Ils s'aveuglent. Des représentations aussi déformées des sociétés démocratiques occidentales, l'américaine et la nôtre, ne sont bonnes qu'à alimenter le populisme.

Dans son dernier film à ce jour, *Le Livre d'Image*, Go-

10 Conférence de presse, Festival de Cannes, mai 1991, reproduite dans *Jean-Luc Godard par Jean-Luc Godard, tome 2, 1984-1998*, éd. Cahiers du Cinéma, p. 224-225.

dard croit encore bon de soutenir « Il faut une révolution. » Il n'en fallait pas plus pour que les inconditionnels s'enflamment à nouveau pour le vieux lion. Mais ne convient-il pas plutôt de se rappeler que la seule révolution qu'a connue notre pays depuis un siècle, a été la révolution nationale du maréchal Pétain…

*

Les travaux sur la filmographie godardienne abondent en réflexions esthétiques mais le contenu sociopolitique des œuvres n'est finalement guère commenté et discuté. S'agissant des films militants, les inconditionnels y voient avec indulgence la trace des excès d'une époque. L'essentiel, estiment-ils, est que certaines recherches formelles aient été poursuivies par l'artiste même durant cette période. Comme si la forme pouvait être détachée du fond.

Je ne doute pas que mon propos sera jugé par eux littéral, psychologisant, extérieur à une vraie compréhension de l'expression filmique. Mais j'ai pu mesurer en les lisant comment les argumentations savantes sont habilement déployées pour ignorer les critiques gênantes. Quand Godard rapproche en images Hitler et Golda Meir ou accole les mots « juif » et « musulman » sur les cadavres dans les camps d'extermination nazis, les thuriféraires se révèlent des glossateurs hors pair pour dénier ce que ces raccourcis ont d'injustifiable. La critique reposerait sur une incompréhension de l'art du montage du cinéaste qui fait qu'entre deux images manipulées par le maître, il y aurait toujours du « et », de l'« entre-deux » ou de « l'interstice », bref une dialectique qui distancie autant qu'elle rapproche. Ainsi nous dit Michael Witt, « (…) sa technique de rapprochement n'implique d'aucune façon une équivalence directe entre les éléments variés qu'il met ensemble mais plutôt un mouvement d'interactivité dynamique, et la production d'une pensée critique résultant des effets de ce que Vertov appelait *l'intervalle* entre eux[11]. » Ces subtiles digressions qui remplissent des volumes, permettent d'affirmer au final que Godard ne ferait rien d'autre que de la politique au sens noble du terme en tant qu'éveilleur des consciences. Même chose en ce qui concerne les infinies variations discursives godardiennes sur les *Pictures* versus « l'Image », le visuel versus le cinéma, le *Business* versus l'Art, *in fine* le monde américanisé versus la haute culture qu'on ne saurait nullement, assure-t-on, interpréter comme l'expression d'un antiaméricanisme systématique.

Jean-Pierre Esquenazi, dans son analyse des films du Godard de la maturité, développe une approche du cinéma en tant que *cinéma d'expression*. L'auteur pose la question : « Est-il possible de considérer des films de fiction comme *Sauve qui peut (la vie)* ou *Passion* comme des discours *au sujet de* notre monde[12] ? » Il y répond positivement d'abord en réunissant « les indices les plus explicites d'une relation des œuvres à la réalité : les déclarations du cinéaste, les commentaires des critiques et les propos des films (qui) contiennent des allusions précises à la « réalité » française ou planétaire[13]. » Puis il montre « comment les films eux-mêmes, ou plus exactement les mondes fictionnels qu'ils mettent en scène, construisent des *paraphrases expressives*

11 Michael Witt, *Jean-Luc Godard, Cinéma Historian*, Indiana University Press, 2013, p. 181.

12 Jean-Pierre Esquenazi, « Les mondes godardiens, paraphrase de notre monde », in *Godard et le métier d'artiste*, sous la dir. de Gilles Delavaud, Jean-Pierre Esquenazi, Marie-France Grange, L'Harmattan, 2001, p. 225.

13 *Ibid.*

de certains mondes réels. » Esquenazi conclut : « En tant que paraphrase, l'objet d'art est profondément historique : sa situation sociale et donc son sens dépendent étroitement de la distance qu'il établit entre son monde fictionnel et l'appréciation de la réalité que ce monde fictionnel déploie. (…) l'objet d'art ne se définit pas seulement par sa position d'extériorité vis-à-vis de la réalité ; depuis cette place, il ne peut que se retourner vers celle-ci et l'exprimer à sa manière[14]. » Je m'inscris dans cette approche. Le corpus godardien sera analysé ici en tant que *cinéma d'expression*, autrement dit au travers des rapports qu'il entretient avec les réalités sociopolitiques de la seconde moitié du XXème siècle et du début du XXIème.

14 *Ibid*, p. 246.

-1-
Guerre à la guerre[1]

Désengagé

Dans les années cinquante, avec les critiques de cinéma qu'il commence à fréquenter, Truffaut, Rivette, Rohmer, Godard partage un refus de « l'engagement ». Ce refus de l'engagement est aussi ce qui distingue alors les écrivains «jeune droite» Blondin, Laurent, Nimier. C'est une manière de récuser le progressisme issu de la Résistance et l'emprise du parti communiste alors dominante chez les intellectuels. Ce désengagement s'exprime à travers un esprit dandy, un certain cynisme, une misogynie revendiquée, le goût du paradoxe et de la provocation. Politiquement le désengagement trahit une grande ambiguïté à l'égard de la donnée historique centrale de la période, les luttes anticolonialistes.

1 Les éléments proprement biographiques rapportés dans cet ouvrage proviennent pour l'essentiel de trois publications qui ont apporté des informations et des analyses très riches sur le cinéaste et son œuvre : Antoine de Baecque, *Jean-Luc Godard, biographie*, Grasset, 2010, qui a bénéficié du travail considérable de Richard Brody, *Everything is cinema : The Working Life of Jean-Luc Godard*, Metropolitan Books, 2008, (traduction française, *Jean-Luc Godard, Tout est Cinéma, Biographie,* Presses de la Cité, Paris, 2010), lequel a bénéficié du travail de Colin MacCabe, *Jean-Luc Godard, a Portrait of the Artist at Seventy,* Bloomsbury, Publishing PLC, 2004.

Invité dans un entretien donné en 1997 à préciser comment il se situait politiquement à ses débuts, Godard répond : « Je me décrivais (…) comme anarchiste de droite. Or, pour moi, être anarchiste signifiait être de gauche, à l'époque. Donc, j'étais de gauche et de droite (…)[2]. »

Chez Godard le désengagement est alors moins l'expression d'un droitisme honteux, qu'un refus viscéral d'apparaître à la remorque d'une idéologie quelle qu'elle soit. L'important est de s'exprimer en tant qu'individu. D'où l'éclectisme des références. Bruno Forestier, le personnage central de son deuxième long métrage *Le Petit Soldat*, a beau être un compagnon de route de l'extrême droite, il n'en cite pas moins à l'occasion Lénine, Mao ou Aragon.

Il y a lieu toutefois de se demander si ce positionnement ne correspond pas surtout à une forme de déni. Rien n'indique que l'*hollywoodisme* que les critiques de gauche reprochent alors aux animateurs des *Cahiers du Cinéma* corresponde à une adhésion aux valeurs idéologiques de l'Amérique. Mais ce qui vient alors d'Amérique n'a pas eu à connaître la honte de la défaite, l'Occupation, les terreurs de la période. L'engouement pour le cinéma américain peut aussi s'analyser comme une forme de refoulement des réalités françaises.

Jeune homme révolté

Politiquement désengagé, le jeune Godard n'en est pas moins un jeune homme en révolte. Adolescent, Jean-Luc souffre dans son milieu familial. Son père médecin est autoritaire. Le couple parental est en crise. Le jeune Godard quitte la Suisse. Il est accueilli à Paris dans la famille Mo-

2 Entretien avec Alain Bergala, « Une boucle bouclée » in *Jean-Luc Godard par Jean-Luc Godard,* tome 2, Cahiers du Cinéma, 1998, p. 25.

nod, riches parents protestants du côté de sa mère. Il se fait de l'argent de poche en volant et revendant des livres et des objets leur appartenant, jusqu'au jour où il est découvert et devient un paria à leurs yeux. Sans le sou, le vol devient pour le jeune Godard un moyen de survie. Mais c'est aussi une inclination maladive. A vingt-deux ans, rentrant en Suisse pour occuper un emploi à la télévision de Zurich, Godard quittera Paris en emportant la caisse des *Cahiers du Cinéma*, « laissant ses amis désorientés par ce comportement aussi cleptomane, infantile que suicidaire[3] ». Rebelote quelques mois plus tard à Zurich où il sera dénoncé pour avoir volé cette fois dans la caisse de la télévision. Il est arrêté. Sa situation est d'autant plus délicate qu'il est en situation d'insoumission au regard de la loi suisse sur le service militaire. Après quelques jours derrière les barreaux, il en sortira grâce à l'intervention de son père et en simulant la folie. Il est interné un temps dans un hôpital psychiatrique.

Dans un de ses premiers courts-métrages, *Charlotte et Véronique ou tous les garçons s'appellent Patrick* (1957), on aperçoit une affiche de *Rebel without a cause* (*La Fureur de Vivre*), le film culte de Nicholas Ray avec James Dean. Fin 1959, Jean-Luc Godard qui a enfin pu trouver un producteur volontaire pour le financer en la personne de George de Beauregard, tournera un *Rebel without a cause* débarrassé de l'arrière-plan psychologique et sociologique du film de son mentor. Ce sera *A bout de Souffle (1959-1960)*, le film qui, d'emblée, inscrira Godard au firmament du cinéma.

Le scénario d'*A Bout de Souffle,* donné à Godard par son ami Truffaut, est mince. Il est inspiré d'un fait divers authentique, la dérive délinquante et meurtrière d'un certain Michel Portail au début des années cinquante. Traqué pour

3 Antoine de Baecque, *op. cit.*, p. 70.

avoir assassiné un motard de la gendarmerie, Michel Poiccard est dénoncé par sa petite amie, Patricia Lanfranchi, poursuivi par la police et abattu en pleine rue.

Les détracteurs d'*A Bout de Souffle* reprocheront au film d'être totalement déconnecté des préoccupations sociales. Michel Poiccard, diront certains, est « un jeune homme qui ne croit en rien, qui ne pense qu'à la drague, à l'argent, à ses combines au moment où les vraies luttes politiques mobilisent une part de la jeunesse française, notamment dans le contexte de la guerre d'Algérie[4]». Mais l'insolence de Michel Poiccard, son *jmenfoutisme*, sa marginalité trahissent l'esprit rebelle qui commence à travailler la jeunesse de l'époque. Ceux qui parmi les critiques de gauche jugèrent *A Bout de Souffle* réactionnaire, étaient à côté de la plaque : le film annonce les *Sixties*. Comment expliquer sinon qu'*A Bout de Souffle* soit devenu le film culte d'une génération en voie de radicalisation à gauche et qu'il soit pour un Daniel Cohn-Bendit « le film d'entre les films ».[5]

Par ailleurs, comme l'analyse Sally Shafto, la pulsion de mort qui travaille Michel (« Est-ce que tu penses à la mort quelquefois ? Moi, j'y pense sans arrêt » dit-il à Patricia) mérite d'être comprise comme un premier moment dans le long travail d'anamnèse qui conduira plus tard Godard à se pencher sur « le passé qui n'est pas passé ». Shafto, comparant la démarche picturale du peintre Richter une fois passé à l'Ouest à celle du cinéaste, souligne à juste titre que la pulsion de mort qui travaille les productions de ces deux artistes dans cette période témoigne du lien de leur génération avec la guerre[6].

---

4 *Ibid.*, p. 140.

5 Daniel Cohn-Bendit, "Godard, mon ami », *op.cit.*

6 Sally Shafto, « Retour sur « l'ontologie de l'image photographique »

Piqué au vif par le reproche de désinvolture, Godard décide de mettre les pieds dans le plat en abordant de front l'actualité brûlante du conflit algérien dans son second long métrage. *Le Petit Soldat (1960)* va avoir pour cadre la guerre secrète que se livrent à Genève le FLN et les services spéciaux français à coup d'assassinats ciblés et de recours à la torture.

Déserteur

Bruno Forestier (Michel Subor) est un déserteur français qui s'est réfugié en Suisse. De mèche avec les services spéciaux, Bruno est en faveur de l'Algérie française. Mais son engagement bat de l'aile. Sa rencontre avec Véronica Dreyer (Anna Karina) qui, elle, est pro FLN, va le décider à rompre avec ses amis. Trop tard. La machine infernale est lancée. Les camarades de Bruno lui imposent d'abattre un membre important du réseau pro FLN auquel appartient Véronica. Cela ne suffira pas à sauver Véronica que les anciens amis de Bruno kidnapperont, tortureront et assassineront.

Godard explique : « *Le Petit Soldat* (…) était une entreprise tout à fait individuelle puisque je racontais, à ma façon, l'histoire d'un déserteur français réfugié en Suisse. Ce qui est mon cas : j'ai déserté l'armée française et je suis allé en Suisse puis j'ai déserté l'armée suisse et suis revenu en France. Ma réaction était anarchiste et individuelle. Je ne voyais pas pourquoi on voulait me mettre un fusil entre les mains alors que je n'en avais aucune envie[7]. »

---

ou les maîtres du flou : les œuvres de jeunesse de Jean-Luc Godard et Gehrard Richter », in *Godard et le métier d'artiste*, *op. cit.,* p. 183.

7 Jean-Luc Godard, René Vauthier, « Au nom des larmes dans le noir, échange sur l'histoire, l'engagement, la censure » in *Jean-Luc Godard*

Pour avoir évoqué la torture, le film est censuré par le pouvoir gaulliste. Il ne pourra être projeté sur les écrans qu'en 1963 une fois le conflit terminé. La critique la plus virulente viendra de la gauche, certains critiques n'hésitant pas à qualifier *Le Petit Soldat* de film fasciste. Le reproche est exagéré. Il repose sur l'argument toujours un peu facile selon lequel « qui n'est pas avec moi est forcément contre moi ».

Dans *Le Petit Soldat*, Godard prend le parti de ne pas prendre parti. Il fait le choix de renvoyer les adversaires dos à dos. Alors que la torture pratiquée systématiquement par l'armée française est de plus en plus dénoncée en France malgré la censure et la répression, le cinéaste filme avec beaucoup de réalisme la torture telle qu'elle est pratiquée par les agents du FLN. La posture ne manquait pas d'audace, ni sans doute d'habileté pour tenter de ne pas être censuré mais quelle signification pouvait bien avoir une position d'abstention face au conflit algérien à un moment où il était devenu évident qu'aucune solution de compromis n'était plus possible ? Au mieux le propos de Godard était futile, au pire il brouillait les cartes et pouvait être compris comme apportant sa caution aux ultras de l'Algérie Française.

Embarrassés par le contenu politique du film, certains défenseurs de Godard ont prétendu que la guerre d'Algérie ne représentait qu'un décor dans le film, le cœur de celui-ci étant la rencontre de Bruno et de Véronica, autrement dit la rencontre de Jean-Luc Godard et d'Anna Karina puisque c'est lors du tournage du film que le couple se forma. Ce qui est sûr, c'est qu'on ne saurait sérieusement prétendre que Godard ait voulu organiser à travers le couple une confrontation politique. Certes Véronica appartient à un réseau de

---

Documents, Éd. du Centre Pompidou, 2006, p. 399.

soutien au FLN et elle déclare que « le FLN au moins lui se bat pour un idéal » (une phrase qui compta dans la décision de censurer le film). Pour autant Véronica n'a rien d'une militante. A aucun moment ne s'engage entre elle et Bruno une confrontation d'idées. Ce qui frappe dans *Le Petit Soldat*, c'est à quel point le propos politique, et plus globalement le propos réflexif, est à cette époque pour le cinéaste l'apanage exclusif du masculin.

Il y a deux grandes scènes de rencontre entre Véronica et Bruno. Dans la première, Bruno la photographie. Comme l'observe Geneviève Sellier : « Nous retrouvons là la situation typique de l'artiste face à son modèle, et Bruno, en tant que photographe, est un alter ego du cinéaste. Il a le monopole de la parole, il lui pose des questions tout en lui demandant de prendre des poses, et bien qu'elle compare, au début, la situation à un interrogatoire de police, elle va se prêter docilement à cette manipulation d'elle-même, souvent paternaliste et autoritaire [8].» Dans la seconde scène, Bruno se livre à un monologue de sept minutes que Louis Albert Serrut qualifie à juste titre de « logorrhée égocentrique [9]». Pour Geneviève Sellier, « d'un côté nous voyons le visage du héros comme instance de conscience à laquelle nous avons accès, de l'autre nous voyons le visage féminin comme une belle image qui nous reste opaque. D'un côté un sujet, de l'autre un objet[10]. »

---

8 Geneviève Sellier : « Représentations des rapports de sexe dans les premiers films de Jean-Luc Godard » *in Godard et le métier d'artiste, op. cit.*, p. 282.

9 Louis-Albert Serrut, *Jean Luc Godard , cinéaste acousticien. Des emplois et usages de la matière sonore dans ses œuvres cinématographiques*, L'Harmattan, 2011, p. 105.

10 Geneviève Sellier in *Godard et le métier d'artiste, op. cit.*, p. 283.

La *Nouvelle Vague* n'a apporté qu'une nouveauté toute relative dans la construction traditionnelle au cinéma du personnage féminin comme objet de désir pour le regard masculin. Geneviève Sellier estime que cette limitation est encore plus nette dans les films que Godard tourne avec Anna Karina. Elle relève qu'Anna Karina est « toujours associée dans les films de Godard à des connotations infantilisantes, comme un ours en peluche, la broderie anglaise, les jupes écossaises et plissées, les ballerines, les longues stations devant le miroir pour coiffer ses cheveux, sa silhouette androgyne, sans parler de l'accent étranger qui donne l'impression qu'elle ânonne[11]». « Anna Karina « n'existait » pas avant qu'il ne l'invente et n'a guère survécu à sa sortie de l'univers godardien. Les films où elle joue donnent lieu à une contemplation fascinée qui vampirise le personnage féminin réduite à une icône fétichisée[12]. »

Le jugement est abrupt. Dans un film comme *Pierrot le fou (1965)*, le personnage de Marianne n'est pas réductible à un simple faire-valoir de Pierrot-Ferdinand [13]. Si Anna Karina a un rôle aussi mince dans *Le Petit Soldat* ce n'est pas tant parce que l'actrice est en passe de devenir la « chose » du réalisateur, que parce que *Le Petit Soldat* est un film politique. La politique est l'affaire des hommes. On verra plus loin que Mai 68 ne changera guère la vision godardienne dans ce domaine. Les militantes ultra-gauchistes seront particulièrement mal traitées dans ses films révolutionnaires.

11 *Ibid.* , p. 285.

12 *Ibid.* , p. 286.

13 Mais il est vrai, comme le relève Laura Mulvey, que Marianne y correspond alors au fantasme masculin de la femme « mystérieuse, insaisissable, en fin de compte, fascinante et destructrice. ». Laura Mulvey, « Godard, images de femmes, images de sexe », *Champs de l'audiovisuel n°15*, L'Harmattan, 1980.

Les Carabiniers (1963)

En 1963, Godard semble vouloir prendre sa revanche par rapport à l'échec du *Petit Soldat*. A nouveau, le sujet central de son cinquième long métrage, *Les Carabiniers*, est la guerre. Godard, qui s'inspire de la pièce de théâtre d'un auteur italien moderne, Beniamino Joppolo, entend montrer la guerre dans toute son absurdité. Tous les protagonistes masculins sont des criminels, à commencer par les deux antihéros Michel-Ange et Ulysse, qui se laissent facilement convaincre qu'à la guerre tout est permis. Le film n'a aucun succès. Godard en conclura à juste titre que le public déteste qu'on lui montre la guerre telle qu'elle est. Mais l'échec est aussi attribuable à la posture du cinéaste qui, une nouvelle fois, manifeste son rejet de toute forme d'engagement. Les deux anti-héros sont clairement situés dans le camp des oppresseurs. Mais qui sont ceux qui leur font face ? Des partisans, des résistants dont le combat serait légitime ? Godard se garde bien de les différencier des premiers. La dérision associée à une esthétique brechtienne casse ici toute forme d'identification. Alors que le souvenir des combats contre le nazisme est encore tout proche et que l'interminable conflit algérien vient de contraindre les Français à se prononcer clairement, une protestation abstraite contre la violence et l'absurdité de la guerre ne pouvait que tomber à plat.

Est-ce parce que l'échec des *Carabiniers* lui fait réaliser que son dandysme désengagé risque de l'expulser du cinéma ou est-ce parce que son anarchisme de droite cède peu à peu à l'air du temps qui devient de plus en plus rouge, le positionnement de Godard va radicalement changer à partir de son sixième long métrage. Dans *Le Mépris(1963)* Godard s'engage. Il s'engage pour la cause qui lui est la plus chère, sa conception du cinéma, avec, pour la première fois, Hollywood dans sa ligne de mire.

Politiquement, cette évolution conduira le cinéaste à dériver jusqu'aux confins de la gauche la plus extrême. Mais Godard n'oubliera pas d'où il vient : l'anarchisme de droite et de gauche de sa jeunesse se chargera alors d'un contenu beaucoup plus précis. On y trouvera l'écho de nombreuses thématiques ayant fait florès dans la première moitié du XXème siècle.

-2-
Guerre des sexes (1ère partie)

Les critiques ont pointé que la figure archétypique des relations hommes/femmes dans les films de Godard les plus encensés est la trahison féminine : Patricia dans *A Bout de Souffle,* Camille dans *Le Mépris*, Marianne dans *Pierrot le fou* trahissent leur compagnon. Les biographes ont sans peine repéré dans la récurrence de cette thématique les traces de la lente et douloureuse séparation entre Jean-Luc Godard et Anna Karina. En revanche, d'autres films de la même époque, *Une Femme mariée, Masculin Féminin, Deux ou trois choses que je sais d'elle,* désignés par la critique comme des films « sociologiques », ont été perçus, de par leur dimension documentaire, comme échappant aux obsessions passionnelles du cinéaste. A la vérité, dans ces trois films auxquels on peut ajouter *La Chinoise*, qui est, à sa façon, lui aussi un film documentaire, s'impose également un schéma général des relations hommes/femmes en défaveur de ces dernières, schéma qu'on retrouvera sous des formes voisines par-delà les époques dans la production du cinéaste.

Comme le relève Geneviève Sellier, s'appuyant sur les travaux pionniers de Laura Mulvey, il y a « deux régimes narratifs chez la plupart des cinéastes de la Nouvelle Vague, selon que le(s) protagoniste(s) principal-aux est-sont masculin(s) ou féminin(s) : dans le premier cas, le film se construit sur un point de vue emphatique avec le héros masculin, dans le deuxième cas, on a un récit distancié, qui se donne souvent l'alibi de la sociologie, pour regarder de l'extérieur, la-les protagoniste(s) féminine(s), construits comme Autre(s) [1]. »

Dans ce cadre, une subtile mécanique est mise en branle.

Premier temps : le cinéaste met en scène des protagonistes féminins qui occupent le premier plan. Ces femmes portent la dynamique du film. Ce sont des femmes modernes qui incarnent, chacune à leur manière, une forme d'émancipation féminine.

Deuxième temps : émancipation d'accord mais de quelle nature ? Ce que nous en livre le cinéaste, ne manque pas d'interroger quant à la valeur intrinsèque accordée par lui à ce processus. En premier lieu, sa critique de la société de consommation s'avère être avant tout une critique de la consommatrice. Jean-Pierre Esquenazi cite la sociologue Evelyne Sullerot qui à l'époque a ces paroles sévères à l'égard de ses contemporaines: « Elles se rendent bien compte qu'elles sont les dindons de la farce, mais elles continuent de s'accrocher avec conscience à leur « rôle sacré » (...). En croyant se soigner, s'entretenir, se peindre, se transformer, se vêtir, en un mot se créer, la femme se consomme[2]. » Godard lui emboîte le pas. Tout au long d'*Une Femme mariée* il souligne que la liberté des femmes

1 Geneviève Sellier, *La Nouvelle Vague, Un cinéma au masculin singulier*, CNRS Éditions, 2005, p. 7-8.

2 Evelyne Sullerot in « Les administratrices de la dépense » , La Nef, n°37, citée par Jean-Pierre Esquenazi dans *Godard et la société française des années 1960,* Armand Colin, 2004, p. 255.

modernes n'est qu'apparence. « On » veut les rendre libres pour les rendre plus disponibles aux sortilèges de la publicité dont elles sont bombardées dans les magazines et dans la rue.

En second lieu, le destin des femmes qui s'émancipent, se révèle immanquablement malheureux. Dans *Une femme mariée* Charlotte rompt avec son amant sans que cette rupture signifie un véritable retour vers son mari. Dans *Masculin Féminin* Camille perd Paul qui se tue. Dans *Deux ou trois choses que je sais d'elle* Juliette retrouve chaque soir son triste quotidien conjugal. Dans *La Chinoise* Véronique s'avoue qu'elle n'a encore réalisé qu'un tout petit pas dans « la longue marche » qui doit l'amener à devenir une véritable militante révolutionnaire.

Troisième élément : Godard dresse les responsabilités. Assurément les hommes, souvent falots, sont en partie responsables dans ces histoires qui finissent mal. Quand, dans *Deux ou trois choses que je sais d'elle*, le mari de Juliette répond à un copain qui l'interroge sur l'acquisition de son *Austin : « C'est Juliette qui l'a trouvée. Oui, elle est formidable...elle trouve toujours des occasions »,* le spectateur ne peut s'empêcher de se demander ce qui l'emporte chez le mari : l'aveuglement sur la façon dont Juliette « se débrouille » en se prostituant occasionnellement ou sa complaisance.

Mais, quatrième élément : entre les hommes et les femmes les responsabilités ne sont pas de même niveau. Dans les déchirements, les échecs et le malheur commun, la responsabilité des femmes est première. Les maris et les amants sont les victimes de la froideur intrinsèque de leurs compagnes, voire de leur cruauté.

Une femme mariée (1964)

Charlotte (Macha Méryl) voit Robert (Bernard Noël), son amant. Ils font l'amour. Le soir elle retrouve Pierre (Philippe Leroy), son mari, un aviateur qui rentre d'Allemagne accompagné d'un intellectuel à qui le couple offre à dîner. Après le dîner, Charlotte fait l'amour avec son mari. Le lendemain, Charlotte consulte son gynécologue qui lui annonce qu'elle est enceinte. « Docteur, que dois-je faire ? J'hésite entre deux hommes. » En fin d'après-midi elle retrouve à nouveau son amant. Au moment du départ de Robert qui s'envole ce jour-là pour Marseille, Charlotte murmure : « C'est fini ».

Alors que le regard social est encore aujourd'hui beaucoup plus sévère à l'égard de la femme adultère que de l'homme adultère, Godard met en scène dans *Une femme mariée* une gentille « madame tout le monde » qui partage ses journées entre son mari et son amant avec le plus parfait naturel. L'annonce qu'elle est enceinte, la décidera *in fine* à rompre avec Robert mais le cœur du film repose sur le vécu décomplexé de Charlotte. Confrontée aux doutes de Pierre et aux attentes de Robert qui la presse de divorcer, Charlotte ment effrontément à l'un et à l'autre sans éprouver le moindre embarras. Oui, prétend le cinéaste, il est parfaitement banal aujourd'hui qu'une femme mariée se partage entre son mari et son amant et tout aussi banal que cette femme assume sereinement cette situation.

Macha Méryl a raconté combien tourner avec Godard fut pour elle une expérience exaltante. Elle estime que son personnage et ceux joués ces années-là par Anna Karina, de par leur naturel, leur liberté de ton et d'allure, ont plus fait pour la cause des femmes que ceux de Brigitte Bardot, certes provocants mais cantonnant la femme dans son statut sexuel[3]. Le rôle de Charlotte va comme un gant à Macha Méryl. « L'actrice est une « femme libérée » qui parle sans tabou ni pudeur excessive de sa sexualité, de ses désirs, du plaisir et joue la scène chez le (vrai) gynécologue avec ses convictions féministes (…). Dans une France encore coincée sur ces questions, *Une femme mariée* tranche. C'est la première fois que dans un film français, on évoque ouvertement la pilule[4]. » Le naturel de Charlotte fait merveille quand elle est confrontée à son gynécologue. Celui-ci se ridiculise quand il concède du bout des lèvres que la femme peut recourir à des moyens contraceptifs pour autant que l'horizon de sa sexualité reste la reproduction. Le film est à ce moment-là un étendard de la cause des femmes.

Mais le naturel de Charlotte face à son amant et face à son mari témoigne d'une étrange froideur. Certes la séparation d'avec Robert lui arrache quelques larmes mais que de dureté au fond à l'égard de l'un et de l'autre. « Puisque tu aimes tant la comédie » dit Charlotte à son amant, comédien de profession, « qu'est-ce qui me prouve que tu ne joues pas la comédie quand tu fais l'amour avec moi ? » Robert se récrie : « Ah non, non, ce n'est pas du tout la même chose, ça n'a rien à voir. » Dans ce moment de vérité, Robert paraît faux, minaudant, déstabilisé. L'attaque a été soudaine, inexcusable même de la part de Charlotte qui a déjà décidé de rompre. La dureté de Charlotte à l'égard de son mari est également manifeste. Appliquant l'adage selon lequel la meilleure défense est encore l'attaque, Charlotte se paie le luxe de le culpabiliser parce qu'il l'avait fait

3 Macha Méryl, interview bonus dans le DVD *Une femme mariée*, coffret Gaumont, *Jean-Luc Godard Fiction.* Pour autant l'actrice, pas dupe, estime dans cette interview que Godard est aussi « un peu misogyne. Il a adoré les femmes pour mieux les torturer, pour mieux prouver à quel point elles sont inférieures ».

4 Antoine de Baecque, *op.. cit.* , p. 262.

suivre quelque temps auparavant quand il avait pressenti la naissance d'une relation entre sa femme et Robert. Réaffirmant « qu'il n'y avait rien eu alors », Charlotte enfonce le clou : « Le plus grave, c'est que tu aies pu manquer de confiance en moi. »

Charlotte traite ses deux hommes de façon interchangeable. Godard fait faire à ses personnages exactement les mêmes gestes d'une scène érotique à l'autre, indépendamment de qui est avec qui. C'est là où se retourne ce qui apparaissait en première lecture comme un film plaisamment subversif où la femme moderne s'arroge une liberté que la société jusqu'ici ne reconnaît qu'aux hommes. Dans ce mimétisme, dans cette répétition, la liberté nouvellement conquise se transforme en une nouvelle forme d'aliénation. Charlotte devient une collectionneuse.

Le passé et le présent

Charlotte explique vouloir vivre entièrement dans le présent sans pouvoir y parvenir tout à fait. Pierre se décrit comme un homme qui vit dans le passé. Il n'oublie rien. Et surtout pas « ce qu'il préférerait oublier ». Godard dresse ici un portrait de mari jaloux qui lui ressemble. Mari et femme semblent alors à égalité, chacun cultivant un trait de personnalité qui lui confère sa force mais aussi ses limites dans le cadre étroit de leur vie de couple. Mais il n'y a là que fausse symétrie. Selon Godard, vivre dans le présent est bien plus répréhensible que de vivre dans le passé.

Etre rivé au présent, c'est aussi être indifférent à l'Histoire. Godard nous le signifie quand Charlotte rejoint son mari qui vient d'atterrir accompagné d'un professeur. On apprend que les deux hommes viennent d'assister en Allemagne à un procès de criminels nazis. Pressentant que la chose ne va pas être immédiatement parlante à l'esprit de la jeune femme, le professeur (Roger Leenhardt) débute la conversation avec elle par quelques mots prudents : « Vous savez, cette histoire ancienne, Hitler, Auschwitz...» Ça ne rate pas : Charlotte répond, complètement à côté de la plaque : « Ah oui, la thalidomide » (la thalidomide est un médicament dont les effets avaient fait à l'époque l'objet d'une vive controverse dans les média).

Le professeur cherche alors à faire toucher du doigt à la jeune femme le scandale d'un antisémitisme toujours présent dans les esprits. Il rapporte une plaisanterie où il est question d'un projet d'extermination des Juifs et des coiffeurs. Généralement, dit-il, les personnes à qui la plaisanterie s'adresse, interrogent : « Pourquoi les coiffeurs ? » Charlotte réagit : « Oui, pourquoi les coiffeurs ? »

Plus tard, au moment du dîner, l'extermination est à nouveau évoquée, étroitement mêlée à l'opposition dressée par Godard entre Charlotte qui vit dans le présent et Pierre qui vit dans le passé. Pierre dit son étonnement à propos des gardiens de camps qui étaient jugés lors du procès. « Littéralement, ils ne se souvenaient de rien. » Pierre observe que ces criminels semblent réellement être parvenus à se disculper à leurs propres yeux en zappant des pans entiers de leur mémoire. Ils sont parvenus à vivre entièrement dans le présent.

Toutefois Pierre contrebalance la violence implicite de son propos à l'égard de sa femme en rapportant une anecdote qu'il présente comme un épisode comique. Il raconte avoir assisté à une commémoration où des déportés défilaient dans leur tenue rayée. Ces déportés, depuis la fin de la guerre, avaient pris de l'embonpoint. A les voir ainsi, un peu ridicules, ils semblaient ne pas se rendre compte du décalage qui s'était créé entre leur situation d'hier et d'aujourd'hui. Il y a donc aussi un certain danger à s'enfermer dans le passé. Néanmoins les deux attitudes, celle des criminels qui ont tout oublié et celle des déportés murés dans un passé dont ils ne peuvent rien oublier, ne sauraient être mises sur un pied d'égalité.

Godard dresse un portrait singulièrement mixte de sa « femme mariée ». Il donne raison à Charlotte quand elle est confrontée à son gynécologue réactionnaire. Mais, aliénée par la consommation et gravement fautive pour ne vivre que dans le présent, Charlotte est présentée comme un petit animal mu par l'instinct du moment, incapable de mesurer les conséquences de ses actes, particulièrement à l'égard des hommes qui partagent sa vie.

Masculin féminin (1966)

C'est un film sur la jeunesse. Un carton du film est passé à la postérité : il désigne les jeunes comme « Les enfants de Marx et de Coca-Cola ». La formule a fait mouche. Elle appelle une prise en compte des nouveaux enjeux sociaux. A de nombreuses reprises, les échanges entre jeunes roulent sur la sexualité et la contraception (la pilule ne sera autorisée en France qu'en 1967).

A trente-six ans Godard pourrait déjà être le père des jeunes gens qu'il filme dans *Masculin féminin.* A la sortie du film il déclarera avoir voulu filmer la jeunesse comme un « scientifique », un « entomologiste », un « sociologue ». Mais cette volonté de distance va trouver à s'exercer avec une rigueur infiniment plus grande en direction des protagonistes féminins que masculins.

Godard a emprunté à Truffaut son acteur fétiche immortalisé dans le personnage d'Antoine Doinel, Jean-Pierre

Léaud, qui ici est Paul. Il confronte Paul à une jeune fille, Madeleine, jouée par Chantal Goya qui interprète le rôle qui est déjà le sien dans la vraie vie, chanteuse de variétés. Lui et elle vivent sur deux planètes différentes. Paul, apprenti écrivain, griffonne des phrases incompréhensibles quand il fait la connaissance de Madeleine dans un café. Il vient de terminer son service militaire qui l'a éprouvé. Il lui fait part de ses problèmes. Ceci n'intéresse que moyennement la jeune fille pour qui tout va bien. Elle vient d'enregistrer un premier disque. Elle est sur la voie du succès. La vie lui sourit. Un jour, pour bien faire comprendre à Paul qu'il fait fausse route en s'entichant de Madeleine, Elisabeth (Marlène Jobert), une amie de Madeleine, lui dira sèchement : « On n'est pas des filles pour toi. » Mais Paul, quoique complètement décalé dans cet univers féminin fabriqué par la mode et la publicité, s'accroche en dépit de la tiédeur de Madeleine à son égard et de la relation érotique qu'il soupçonne entre les deux amies.

Comme dans *Une femme mariée*, Godard oppose le masculin et le féminin par rapport à la thématique de l'émancipation féminine. Le dynamisme et le succès sont du côté des filles. Paul ne fait que tâter sans conviction de différents petits boulots. Ses tentatives d'écriture paraissent bien aléatoires. Mais sous le regard de Paul et de son copain Robert, le mouvement d'émancipation des filles apparaît terriblement superficiel.

Jean-Luc Douin écrit : « Paul incarne plus ou moins Godard. *Masculin féminin* est le film d'un enfant de Marx, de Werther, de la Libération et de Louis Lumière qui se heurte aux enfants de Coca-Cola, au yéyé, au divorce entre les sexes[5]. » Il aurait pu écrire : « qui se heurte *aux filles* de la

5 Jean-Luc Douin, *Jean Luc Godard, Dictionnaire des Passions*, Stock, 2010, p. 244.

génération du Coca-Cola et du yéyé, *ce qui provoque* un divorce entre les sexes. »

Dans le magazine *Elle* du 10 février 1966, Godard déclare : « les filles d'aujourd'hui, elles ne sont pas méchantes, elles ne sont pas profondes, elles sont disponibles. Elles parlent toujours par généralités. Sauf si on leur demande quelle marque de bas elles portent ou quel genre de soutien-gorge[6]. » Dans un entretien au *Monde* du 22 avril 1966 Godard résume : « On peut dire que Jean-Pierre Léaud (le garçon) et Chantal Goya (la petite chanteuse yé-yé) représentent l'un la gauche, l'autre la droite[7]. »

Non seulement les filles ne sont pas « politisées » mais leur émancipation est clairement dénoncée comme une forme d'aliénation. Godard sera particulièrement cruel envers une jeune fille, Emilie Leroy, qui dans la vraie vie vient de gagner un concours organisé par le magazine *Mademoiselle Age Tendre*. Godard brouille ici, selon une méthode qu'il affectionne, la limite entre le documentaire et la fiction. Le cinéaste la fait interviewer par Paul qui a trouvé un boulot dans une boîte d'enquêtes d'opinion, une activité tout juste naissante à l'époque. Le ton est donné avant même le début de l'interview par un carton qui annonce : « Dialogue avec un produit de consommation ». Soumise à un feu roulant de questions sur un ton de plus en plus accusateur, la jeune fille multiplie les bévues. Elle ignore ce que veulent dire des mots tels que « socialisme » ou « réactionnaire ». Elle est incapable de citer un pays où il y a

---

6 *Ibid.*

7 En 1967 Godard tournera *Amour, l'aller et le retour des enfants prodigues,* un sketch esthétiquement très réussi dans un film collectif *Vangelo 70*. Mais on y retrouve un schéma de pensée identique. Le cinéaste met en scène un couple qui se sépare parce que l'homme est un révolutionnaire alors que la femme est une bourgeoise.

la guerre. Son seul objectif, dit-elle sur la défensive, est de profiter de sa jeunesse, de s'amuser, de voyager. Cerise sur le gâteau pour cette entreprise de démolition, elle déclare être revenue fascinée d'un séjour aux USA qui pour elle fait figure de pays de cocagne.

Madeleine et Paul

Masculin féminin n'aurait été qu'une pochade si tout le film avait reposé sur une caricaturale opposition entre filles et garçons. Heureusement le personnage de Madeleine transcende partiellement le stéréotype par son naturel et son rayonnement. Et Godard que ses amis de jeunesse ont décrit comme un jeune homme gauche et timide avec les filles, a sans doute mis beaucoup de lui-même dans le personnage de Paul. Truffaut reprochera à Godard non pas de lui avoir volé Antoine Doinel mais d'en avoir fait un personnage sombre et angoissé[8]. Dans le domaine des relations avec les filles, Paul ne fait pas preuve de la même assurance qu'en politique. Plongé dans la marmite de la petite bande de jeunes filles, il est vulnérable et attachant. Peu à peu Madeleine se laisse séduire. Une véritable romance s'instaure. Cette romance, magnifiée par la fraîcheur des « chansons yé-yé », compta certainement pour beaucoup dans le succès public du film. *Masculin féminin* est le seul film de Godard où le cinéaste laisse s'épancher le sentiment amoureux.

Mais le couperet tombe sur le couple dans l'ultime scène du film. Les filles rapportent à la police que Paul est tombé dans le vide en visitant un appartement. Suicide ou accident ? La question reste en suspens. Elisabeth explique qu'il est tombé en reculant pour prendre des photos mais ajoute que, quelques instants plus tôt, Paul s'était vivement

8 Antoine de Baecque, *op. cit.*, p. 310.

querellé avec Camille. Cet appartement, Paul voulait l'habiter seul avec elle mais celle-ci voulait qu'ils le partagent avec Elisabeth. Camille, obsédée par le vedettariat et impossible à conquérir complètement, a fini par anéantir Paul.

Deux ou trois choses que je sais d'elle (1966)

La critique a souvent vu dans le personnage de Juliette, prostituée occasionnelle dans *Deux ou trois choses que je sais d'elle (1966),* l'expression d'un néant existentiel. Pour Jean-Luc Douin : « Juliette (Marina Vlady) ne sait plus qui elle est. Elle ne maîtrise plus sa vie. Elle a perdu son unité. Déconnectée, femme-objet, anéantie par la société de consommation, imperméable aux autres, incapable de communiquer. Comme sourde, aveugle, muette[9]. » Voilà qui est bien unilatéral. En réalité Godard dresse de Juliette un portrait ambigu. D'un côté Juliette est une victime de la société de consommation mais, de l'autre, Juliette pratique la prostitution comme une forme de libération.

Juliette a une amie, Marianne (Annie Dupeyré), qui elle aussi se prostitue occasionnellement. Les deux amies se rendent dans un hôtel de luxe. Marianne a rendez-vous avec un journaliste américain. La prostitution occasionnelle, présentée au début du film comme une activité à laquelle les maris contraignent leur femme pour permettre aux ménages d'assurer leurs fins de mois, prend ici la coloration d'une joyeuse virée entre amies. Le discours misérabiliste initial n'est plus de mise. Juliette et Marianne tapinent sans souteneur. Indépendantes, elles décident ce qu'elles sont prêtes à faire ou à ne pas faire. Elles dominent l'activité prostitutionnelle plus qu'elles n'en sont les victimes. Quand le client demande aux deux jeunes femmes de déambuler nues

9 Jean-Luc Douin, *op. cit.,* p. 121.

avec chacune la tête dans un sac de voyage, Juliette, incrédule, s'exclame : « Mais enfin qu'est-ce qu'il se passe? Il est fou ? » Les deux jeunes femmes s'exécutent, au bord du fou rire. L'activité prostitutionnelle prend la forme d'une bouffonnerie. Le client se révèle grotesque. La prostitution est présentée comme une activité plus humiliante pour les hommes que pour les femmes.

Marianne et Juliette sont-elles des figures du désespoir contemporain ? Peut-être mais alors dans la bonne humeur. Au diapason des hommes de l'époque, Godard ne fait guère la distinction entre émancipation féminine, droit des femmes à disposer de leur corps et prostitution.

Juliette et les hommes

Dans *Deux ou trois choses que je sais d'elle*, les hommes ne sont pas très folichons. Les souteneurs et les clients en prennent pour leur grade. Pendant que Juliette va tapiner en ville, elle confie sa fille à un pépé glauque qui garde les enfants pendant que d'autres jeunes mères font des passes dans les chambres de l'appartement. Dans un café, deux hommes se livrent à un jeu absurde dans l'esprit des cadavres exquis surréalistes. Face à des piles de livres, l'un lit une phrase dans un livre pris au hasard, puis la complète en faisant de même avec un autre livre. Ce n'est pas très drôle ; la scène est même interminable[10]. Plus réjouissante est l'interview par une jeune fille d'un intellectuel de gauche caricatural présenté comme ayant obtenu le prix Nobel. Paternaliste et

10 Antoine de Baecque rapporte que cette scène de café a été filmée en un temps record à la toute fin du tournage. Plus d'un quart d'heure de film a été tourné dans ce café en une journée. Le résultat est une succession de "sketchs" d'un intérêt très inégal. Celui avec les deux lecteurs de phrases prises dans des livres au hasard aurait pu sans dommage être laissé de côté.

pontifiant, l'intéressé répond avec le plus grand sérieux à la jeune fille qui lui demande de lui expliquer comment ça sera sous le communisme.

Un personnage masculin mérite qu'on s'y arrête davantage : Robert (Roger Montsoret), le mari de Juliette. Au début du film, Godard nous le présente comme un homme «conscientisé». Lui et son copain (Jean Narboni) captent le soir avec leur matériel radio des messages dans lesquels les Américains se prononcent en faveur d'une guerre à outrance contre le Nord Vietnam. A cette heure-là, Juliette, elle, s'intéresse aux conseils de mode de Madame Express...Mais à la fin du film, Robert nous est montré dans toute sa médiocrité. On le retrouve au café griffonnant sur un cahier en attendant Juliette. Il engage une conversation avec une jeune femme assise à la table d'à côté. Celle-ci (Juliet Berto) l'interroge sur ce qu'il écrit. Il répond qu' « il enregistre des messages de l'au-delà. » Un plan montre au spectateur qu'il écrit des bouts de phrases sans queue ni tête. Puis Robert invite la jeune fille « à vraiment parler, en vous engageant totalement ». Mais c'est pour lui demander de parler de sexe. La jeune fille soupire : « Toujours le sexe... ». Robert prétend qu'elle a peur d'en parler, ce qui n'est manifestement pas le cas. Puéril et lourdingue, Robert fait pâle figure avec cette provocation minable.

Robert est si aveugle sur l'activité de Juliette qu'il y a lieu de se demander s'il n'en est pas complice. Rien ne permet toutefois de l'affirmer. Robert fait plutôt figure d'être faible, berné par une épouse qui ne lui témoigne pas grand intérêt. Quand le soir, de retour à la maison, Robert s'approche de Juliette pour l'embrasser, celle-ci se détourne. « Bon, bon » maugrée-t-il.

A côté de cette triste galerie de portraits masculins, Juliette et Marianne font figure de parangons d'intelligence, de finesse et de beauté.

Mais Juliette, à la fin du film, est ramenée à son triste quotidien. Elle demande à son mari ce qu'ils vont faire. « Dormir » – « Et après ? » – « On se réveillera »- « Et après ? » - « On recommencera, on travaillera, on mangera » - « Et après ? » – « J'sais pas... Mourir »- « Et après ? ». La conversation entre eux tourne court. Une fois au lit elle a ce dernier « flux de conscience » : « Se définir en un seul mot : pas encore mort ! » Juliette grille solitairement une cigarette qui rougeoie en gros plan dans la nuit.

La « trahison » de Juliette-Marina

Juliette trahit Roger...comme Marina a « trahi » Jean-Luc. Marina Vlady a rapporté dans ses mémoires comment, à sa grande surprise, Godard l'avait soudainement demandée en mariage peu avant le tournage du film et comment c'en fut fini de leur relation dès lors qu'elle lui avait répondu par la négative[11]. Une scène du film donne à voir et à entendre au plus près la douleur du cinéaste. Juliette entre dans un café. Le climat est lourd, presque inquiétant. Le patron derrière son comptoir, donne l'impression, derrière ses lunettes noires, d'être un indic qui surveille ses clients. Pas de brouhaha. On entend seulement le percolateur et les boules du flipper. Dans cette ambiance pesante, s'instaure un échange de regards très fort entre Juliette et un client, jeune et beau, lui-même en compagnie d'une jeune femme. Juliette le regarde avec insistance. L'homme répond furtivement. C'est le seul moment du film où Juliette cherche à séduire. Séduit-elle dans un but purement vénal ? Elle semble vraiment attirée. Scène masochiste où le cinéaste filme la femme qu'il aime en train d'en désirer un autre.

11 Marina Vlady, *24 images/seconde*, 2005, Fayard, p. 164.

S'ensuit une confession murmurée en voix off comme Godard n'en a jamais faite auparavant et n'en fera jamais plus à l'avenir. Les phrases sont littéraires, très construites, presque grandiloquentes mais laissent passer une forte émotion. La caméra donne l'impression que Godard parle tête baissée, le nez dans sa tasse de café. Toute la surface de l'écran est alors occupée par les bulles qui tournoient à la surface du liquide, prenant une dimension cosmique. L'infiniment petit de la douleur intime se noie dans l'infiniment grand de la création.

Godard chuchote : « …Puisque chaque évènement transforme ma vie quotidienne, puisque j'échoue sans cesse à communiquer…je veux dire à comprendre, à aimer, à me faire aimer…et que chaque échec me fait éprouver ma solitude, …puisque…puisque je ne peux pas m'arracher à l'objectivité qui m'écrase ni à la subjectivité qui m'exile, puisqu'il n'est pas possible, ni de m'élever jusqu'à l'Être, ni de tomber dans le néant…, il faut que j'écoute. Il faut que je regarde autour de moi plus que jamais…Le monde… Mon semblable. Mon frère… (…)[12]. »

Survient alors un moment de grâce. Juliette est filmée traversant une petite place ensoleillée en se disant à elle-même : « Je ne sais pas où, ni quand. Je me souviens seulement que c'est arrivé. C'est un sentiment que j'ai recherché toute la journée. Il y avait l'odeur des arbres. Que j'étais le monde…Que le monde était moi. Le paysage, c'est comme un visage. » L'infini plaisir de regarder autour de lui, de regarder le monde en faisant des films (Godard nous offre coup sur coup trois plans de Juliette traversant la même petite place) permet au cinéaste de surmonter son désespoir.

12 Jean Luc Godard, *2 ou 3 choses que je sais d'elle, Découpage intégral,* Seuil/Avant-Scène, Collection Points Films, 1971, p. 50, 51.

La Chinoise (1967)

Avec *La Chinoise* Godard entame le parcours qui va le mener à l'engagement marxiste-léniniste. Ici ce n'est plus la consommatrice aliénée qui est la figure féminine centrale mais la militante anti-impérialiste. Godard adhère davantage au type d'émancipation qu'incarnent dans ce film les personnages féminins, Véronique et Yvonne. Pourtant le sentiment profond du cinéaste à leur égard n'est guère plus amène que vis-à-vis de Charlotte, Madeleine ou Juliette. Véronique et Yvonne versent dans le fanatisme. Elles sont, elles aussi, volontiers cruelles à l'égard de leurs compagnons.

Dans *La Chinoise,* le regard du cinéaste est très différent selon qu'il se porte sur les garçons du groupe, Henri (Michel Séméniako), Kirilov (Lex de Bruijn) et Guillaume (Jean-Pierre Léaud) ou sur les filles, Véronique (Anne Wiazemsky) et Yvonne (Juliet Berto).

Henri est un garçon réfléchi. Il expose calmement les raisons pour lesquelles il décide de quitter le groupe, notamment son refus de ce qu'il juge être une forme de fanatisme chez ses amis. Guillaume, lui, sc déclare révolutionnaire mais sans sombrer dans le délire ni la caricature. Guillaume est l'unique pôle vraiment positif du film. Quand Guillaume déclame à voix haute un passage terriblement moralisant sur les bons et les mauvais communistes tiré du « Petit Livre Rouge » de Mao, il le fait sur un ton ironique. Il est le seul élément du groupe à se permettre d'être railleur à l'égard du marxisme léninisme.

Lorsque son tour vient de faire un exposé devant ses camarades, il développe une analyse comparée de l'approche du cinéma selon Méliès et selon les frères Lumière. C'est du Godard pur jus. Guillaume est un *alter ego* du cinéaste.

C'est encore Guillaume qui développe une argumentation qui se trouve être le seul moment du film où le point de vue révolutionnaire de ces jeunes militants s'exprime avec force. L'argument est simpliste : d'un côté, il y a le communisme soviétique, dont l'impérialisme n'a plus peur : il passe des compromis avec lui ; de l'autre côté, il y a le communisme des Vietnamiens qui, lui, fait réellement peur: l'impérialisme tente de l'écraser sous les bombes à Hanoï Mais Guillaume développe son argumentaire avec humour en chaussant des lunettes différentes, chacune aux couleurs des grandes puissances de la planète. Enfin Guillaume, amoureux transi de Véronique, est aussi un artiste. C'est un acteur de théâtre. Il a une vocation. Son univers ne se limite pas au seul horizon de la politique.

En revanche Véronique est une graine de fanatique en train de verser dans le terrorisme. Recourir à la violence, détruire des bâtiments culturels, tuer des professeurs pour bloquer l'université, lui paraît légitime et nécessaire. Elle joint le geste à la parole en allant assassiner un ministre russe de la culture invité à Paris. Son fanatisme va de pair avec la froideur qu'elle est capable de manifester dans sa relation de couple avec Guillaume. Soudainement elle lui déclare : « J'ai beaucoup réfléchi, je ne t'aime plus Guillaume, l'amour avec toi c'est beaucoup trop compliqué, je ne t'aime plus. »

Cette sortie est supposée n'être que l'élément d'une démonstration visant à faire comprendre à Guillaume que, comme dit le président Mao, « il est possible de lutter sur deux fronts ». Guillaume, lui, a pris la chose au sérieux : « J'ai eu très peur. » A la fin du film, le dernier mot revient à Véronique : « Cet été je croyais avoir fait un grand bond en avant. Je n'ai fait que quelques pas timides sur le chemin d'une longue marche ». Le ton est humble mais la détermination est entière. Véronique est une future commissaire politique.

Le personnage d'Yvonne représente en soi une critique particulièrement cinglante des prétentions révolutionnaires de ses camarades : elle est leur femme de ménage ! Elle est filmée faisant la vaisselle, cirant les chaussures, servant le thé, lavant les carreaux. Elle confie à la caméra que « lorsque Henri ne vend pas assez de numéros de *Garde Rouge* et que Véronique ne donne pas assez de cours de philo, elle fait un peu de prostitution. » Avant, Yvonne faisait des ménages dans de sombres appartements bourgeois. Maintenant elle est heureuse. « Là, y' a de la lumière, et puis ça discute» ; « Ils parlent, pour moi, c'est très clair. » Evidemment elle ne comprend que goutte au marxisme léninisme. Parfois le groupe la rudoie pour son ignorance. A l'occasion d'une « séance de formation », lorsqu'est posée la question : « D'où viennent les idées justes ? », Yvonne se lance : « Elles tombent du ciel ». Le groupe fait « Hou, Hou ». Quand Henri, qui est son petit ami, incidemment son souteneur, sort sans elle un après-midi alors qu'elle espérait aller avec lui au cinéma, elle confie sa peine à Véronique. Celle-ci lui offre pour toute réponse : « La politique est le point de départ de toute action pratique d'un parti révolutionnaire. » Yvonne lui demande d'expliquer. Véronique lui répond : « Vraiment, tu es assommante. »

Le personnage d'Yvonne illustre à merveille ce que fut dans ces années-là la place dévolue aux quelques jeunes de milieux populaires ralliés aux groupes gauchistes. Perdus dans des querelles théoriques byzantines, ils formaient une piétaille aisément manipulable. Dans *La Chinoise*, lorsque l'exclusion d'Henri est soumise au vote de la cellule, Yvonne, en bonne apprentie stalinienne, vote l'exclusion. Henri s'en va en essayant de la tirer avec lui vers la sortie.

Elle se débat et refuse. La sympathique Yvonne est devenue un bon petit soldat sans états d'âme. Elle a gagné ses galons de révolutionnaire. Finie la blouse de femme de ménage. Elle porte maintenant une vareuse rouge et, comme Véronique, a droit à la casquette mao.

Dans *La Chinoise,* les femmes, Véronique et son âme de chef, Yvonne naïve et manipulable, font preuve d'une cruauté certaine à l'égard de leur compagnon. Elles présentent des dispositions évidentes pour faire la révolution qui, comme disait le président Mao, n'est pas un dîner de gala alors que Guillaume reste humain, sensible, drôle et réfléchi.

*

Une femme mariée, *Masculin féminin*, *Deux ou trois choses que je sais d'elle, La Chinoise* sont centrés sur des personnages féminins engagés chacun à leur manière dans un processus d'émancipation. En cela Godard montre qu'il a compris à quel point le phénomène central de l'époque est l'évolution du statut de la femme. Mais les voies qu'ont choisies ces femmes pour s'émanciper (l'infidélité, la chanson yé-yé, la prostitution occasionnelle, le fanatisme politique) en disent long sur le sentiment profond du cinéaste à l'égard de cette révolution.

Dans ces films, les hommes sont les victimes de l'émancipation de leurs compagnes. Est-ce à dire pour autant que leurs compagnes triomphent ? Godard évite le piège. Au final tout le monde souffre. Mais les femmes sont désignées comme les premières responsables du malheur commun.

- 3 -
Gauche année zero

En 1966 le cinéaste, au zénith de sa gloire médiatique, s'identifie à un leader de parti progressiste dans *Made in USA*. Durant un long moment la caméra cadre un magnétophone. La bande qui se dévide interminablement sous les yeux du spectateur, contient un enregistrement de ce leader préparant un discours : c'est la voix de Godard qu'on entend.

Dans la dernière séquence du film, Godard fait intervenir Philippe Labro, qui interprète son propre rôle dans la vie, alors journaliste de radio. Celui-ci rencontre à l'entrée d'une autoroute sa consœur Paula Nelson (Anna Karina) qui enquête sur la disparition de son ex-compagnon, le leader politique dont tout porte à croire qu'il a été assassiné. La ramenant sur Paris, Philippe Labro tient à la jeune femme un propos non dénué de prétention qui sonne comme le manifeste politique godardien de ces années-là. Selon lui, la droite, la gauche, ce sont des vieux clivages qui doivent être dépassés. Il ajoute : « La gauche est trop sentimentale. » La gauche que Godard appelle désormais de ses vœux, devra être une gauche radicale. Sur la lunette arrière du véhicule, la caméra cadre un ouvrage qui a pour titre « Gauche année zéro »[1]. Godard déclare dans une interview : « La lutte des classes n'est plus telle qu'on l'a apprise dans les livres [2]. » Il entend contribuer à son renouvellement en concentrant son attention sur des thématiques qu'on peut qualifier de culturelles par opposition aux thématiques économiques auxquelles est associé ce qu'il estime être la gauche archaïque. En cela son engagement le met alors au diapason de ce qu'on appelle outre-Atlantique la contre-culture.

A l'image des contestataires américains, le cinéaste privilégie les contestations porteuses de transformations du mode de vie. Venu à la politique à reculons mais particulièrement sensible à l'air du temps, Godard s'empare peu à peu de tous les sujets de contestation possibles : société de consommation, Amérique impérialiste, civilisation de l'automobile, urbanisme desséchant, assassinats politiques, racisme, lutte contre la censure.

Quand sortira, également en 1966, *Deux ou trois choses que je sais d'elle*, Godard dira : « Mon film voudrait être une ou deux leçons sur la société industrielle. Je cite beaucoup le livre de Raymond Aron *Dix-huit leçons sur la société industrielle*. Vous me direz que je me prends au sérieux. C'est vrai. Je pense qu'un metteur en scène a un rôle si considérable qu'il ne peut pas ne pas se prendre au sérieux[3]. »

Rappelons que dans cette période le développement de la consommation, encore salué à la fin des années cinquante comme un immense progrès, va devenir la cible des intel-

---

1 Marc Paillet, éditions Gallimard, 1964.

2 Yves Baby, « Entretien avec Jean-Luc Godard, Masculin, Féminin, les Enfants de Marx et de Coca-Cola » , journal *Le Monde* du 22 avril 1966, cité par Antoine de Baecque, *op. cit.*, p. 306.

3 Jean-Luc Godard, *2ou 3 choses que je sais d'elle, découpage intégral, op. cit.*, p. 17.

lectuels et d'une fraction de la jeunesse. Jean-Pierre Esquenazi rappelle comment des sociologues tels Henri Lefebvre, philosophe marxiste, et George Hourdin, essayiste chrétien, qui s'intéressaient à la fin des années cinquante aux nouvelles pratiques de loisirs nées avec l'essor économique, dénoncent quelques années plus tard avec véhémence les conséquences du progrès. Ces deux auteurs d'obédience très différente critiquent la « société d'abondance obligatoire ». « Le quotidien devient « règle » selon Henri Lefebvre dans *La vie quotidienne dans le monde moderne* et l'individu un « robot discipliné » selon George Hourdin dans *Les Chrétiens contre la société de consommation* »[4].

Certaines séquences critiques de la publicité et de la société de consommation dans les films de Godard de la première moitié des années soixante sont restées célèbres. Au début de *Pierrot le fou* (1965) Godard met en scène une soirée lors de laquelle les beaux-parents de Pierrot, monsieur et madame Expresso, conversent avec leurs amis uniquement en échangeant des slogans publicitaires. C'est à ce moment-là que Pierrot/Ferdinand décide de larguer définitivement les amarres de ce « monde pourri ». Il plante-là femme et enfant et s'enfuit vers le sud, le soleil et la mer avec Marianne.

Rejeter les miasmes de la ville, tout envoyer promener, abandonner son confort (jeter sa voiture à la mer, jouer à Robinson Crusoé), tel est le programme du couple qui dévale les forêts et traverse les fleuves pour aller vivre d'amour et d'eau fraîche au bord de la Méditerranée.

Faut-il pour autant prendre toutes les déclarations de foi progressiste du cinéaste lors de cette période pour argent

4 Jean-Pierre Esquenazi, *op. cit.*, p. 252.

comptant ? A y regarder de plus près, bien des aspects de sa critique sociale apparaissent ambivalents.

Il est tout aussi possible de voir dans la filmographie godardienne de ces années-là une ode à la modernité des *Trente Glorieuses.* Dès *A bout de Souffle*, Godard ne cesse d'insérer dans ses films des publicités, des enseignes, des photos d'objets de consommation. Dans *Une femme mariée (1964)* le cinéaste pousse cette logique jusqu'à consacrer des minutes entières au filmage de publicités pour de la lingerie féminine. Sans doute le cinéaste critique l'aliénation imposée par la société de consommation mais il déploie les séductions qu'offrent la chanson yé-yé et la mode. Publicités, affiches, néons sont découpés, recadrés, retravaillés avec un plaisir esthétique évident.

Au début de *Deux ou Trois Choses que je sais d'elle,* le cinéaste assène : « Il est sûr que l'aménagement de la Région parisienne va permettre au gouvernement de poursuivre plus facilement sa politique de classe…Et au grand monopole d'en orienter et d'en organiser l'économie, sans tenir trop compte des besoins et de l'aspiration à une vie meilleure de ses huit millions d'habitants[5]. » Mais l'argumentaire n'est guère développé par la suite. Le souci esthétique l'emporte vite sur le souci critique. Le film est tourné à La Courneuve dans la *Cité des 4000*, prototype des cités dortoir qui poussent à l'époque comme des champignons. Godard s'attarde sur le jeu des lignes verticales et horizontales. Quand la petite voiture *Austin* rouge de Juliette s'enfonce dans la profondeur d'un plan, elle ressemble à un carré de couleur venant se glisser dans un Mondrian. Filmée par Godard, la *Cité des 4000* ressemble à une création du *Bauhaus*.

5 Jean-Luc Godard, *2ou 3 choses que je sais d'elle, découpage intégral, op. cit.*, p. 27.

A la différence de Tati qui dans *Mon oncle* et *Play Time* dénonce le modernisme destructeur de la vie de quartier, Godard accumule les plans de transformation du tissu urbain sans laisser affleurer regrets ou nostalgie. Il insère un plan de rue où figurent quatre grands panneaux publicitaires cachant un immeuble en démolition. Au moment où le plan est filmé, ces panneaux sont vides de contenu. Ils se présentent sous la forme de grands aplats de couleur rouge, bleu et orangé. Godard est ravi de pouvoir mettre dans son film ces grands monochromes offerts par les annonceurs publicitaires.

Dans le dernier plan du film, Godard a posé dans l'herbe la photo d'un couple béat tiré d'une publicité pour le *chewing-gum Hollywood* autour de laquelle il a disposé des produits de consommation courante, boîtes de lessive et paquets de cigarettes. Le tout forme un « grand ensemble » en miniature. Les paquets de lessive ne sont pas sans évoquer les célèbres boîtes *Brillo* d'Andy Warhol. L'esthétique pop est ironique, elle n'est pas vraiment politique.

Avec le recul du temps, le décalage entre l'intention critique annoncée et ce que le film laisse transparaître, est encore plus manifeste. L'impression que dégage le quotidien de la famille Jeanson au centre du film, est qu'il fait bon vivre dans la cité. Pas de conflits de voisinage, pas de nuisances, pas de bandes. Tout est propret et ordonné. Le fils Jeanson, de retour de l'école, fait tranquillement ses devoirs dans l'escalier en attendant l'arrivée de ses parents. Par une fenêtre on aperçoit un instant un jeune homme menotté que des policiers emmènent. C'est le seul moment où un problème de délinquance est évoqué si tant est qu'il s'agisse bien de cela.

Bien entendu il est très difficile pour le spectateur d'aujourd'hui de regarder des images de la *Cité des 4000* où résonne encore la menace sarkozienne d'y nettoyer les délinquants au kärcher, sans y projeter les problèmes actuels. Mais réellement la *Cité des 4000* sous la caméra de Jean-Luc Godard a des allures de petit paradis. Il est vrai qu'accéder au logement HLM dans ces quartiers aujourd'hui « zones sensibles » représente alors le progrès pour les familles qui résidaient auparavant dans de l'habitat ancien dégradé. Mais, hormis le sujet de la prostitution dont on verra plus loin combien il est traité de façon biaisée par le cinéaste, il n'y a rien dans la vision godardienne qui laisse augurer des « problèmes de banlieues ». L'exploitation au travail n'est pas un sujet, ni l'immigration, ni la sécurité. En voix *off* Godard demande à un jeune garçon d'où il vient. Le garçon répond qu'il vient d'Algérie. Godard lui demande s'il se plaît davantage ici qu'à Alger. « Oh!...Non » répond le garçon. C'est la seule allusion au fait migratoire qui n'est pas présenté comme un problème social.

Sus à la censure gaulliste

Il est toutefois un engagement progressiste sur lequel la sincérité de l'engagement du cinéaste ne peut pas être mise en doute car l'enjeu touchait directement à son travail de cinéaste : le combat contre la censure. Ces années-là l'heure est au combat pour la liberté d'expression face à l'autoritarisme gaulliste. Le droit de faire rentrer la politique dans les facultés et les lycées, à l'image du mouvement en faveur du *Free Speech* dans les campus américains, sera une revendication majeure de Mai 68. Que *Le Petit Soldat* ait été censuré jusqu'à la fin des hostilités en Algérie ne fut guère surprenant dans le contexte de l'époque. En revanche, qu'*Une Femme mariée* ait failli être, lui aussi, complètement interdit à l'exploitation cette fois pour cause de pornographie, voilà qui enrage à juste titre le cinéaste. En 1964 le film ne doit son salut qu'à la vigoureuse mobilisation des artistes et des critiques. Godard en est d'autant plus touché que cette mobilisation en sa faveur provient en grande partie d'une gauche qui n'avait guère été tendre à l'égard des premiers pas des cinéastes de la *Nouvelle Vague*. A compter de cette date le cinéaste va ardemment se mobiliser contre la censure.

Alphaville, long métrage sorti en 1965, se présente sous les allures d'un film d'anticipation. Il peut aussi être vu sous l'angle d'un pamphlet antigaulliste. A Alphaville les individus ont été réduits en esclavage sous la coupe d'un pouvoir dictatorial parvenu à retirer à ses citoyens même leurs émotions. Le mot amour a disparu. Quand ils « agissent de façon illogique », les habitants sont condamnés à mort. Ils doivent sauter dans une piscine où les attend un détachement féminin (!) poignard au poing.

Le coup de génie du cinéaste est d'avoir pris pour décor la *Maison de la Radio*. L'immense rotonde qui vient alors d'être inaugurée, incarne la modernité dans le champ de la communication. Mais elle est aussi le symbole du verrouillage de l'information. Le héros du film, Lemmy Caution (Eddie Constantine), l'envoyé des « pays extérieurs », s'y perd dans d'immenses couloirs, ouvrant et refermant les portes de bureaux qu'on imagine occupés par des centaines de fonctionnaires traquant la moindre information dérangeante et procédant à de terrifiants interrogatoires.

En 1966 la censure frappe cette fois *La Religieuse*, un film de Jacques Rivette, adapté du roman éponyme de Diderot. Finalement le film sera autorisé mais cette fois encore seulement à l'issue d'une intense mobilisation des milieux artistiques. Dans le combat pour la liberté d'expression, les cinéastes de la *Nouvelle Vague* sont en pointe.

Dans ce combat, l'engagement de Godard mérite d'être salué. Mais le cinéaste va trop loin. Sa lettre au ministre de la culture de l'époque, André Malraux, est adressée au « ministre de la Kultur ». Au regard du parcours de Malraux l'assimilation à l'envahisseur nazi était déplacée. Ce faisant, Godard ouvrait la voie à une montée aux extrêmes promise à un grand succès dans les années qui suivirent. Non sans une certaine surprise, on retrouve, quarante-cinq ans plus tard, sous la plume d'Antoine de Baecque, la trace de cette outrance quand l'auteur restitue de façon acritique l'assimilation lourde de conséquences qui va s'imposer dans l'esprit des jeunes contestataires entre ordre gaulliste et ordre fasciste. C'est « le moment », écrit Antoine de Baecque, « où, symboliquement, le prestige résistant des gaullistes historiques s'infléchit, s'inverse même, les maquisards d'hier, les hommes de la France libre, se retrouvant dans la peau des censeurs, des collaborateurs, des « gestapistes » du présent[6]. »

Vingt ans plus tard, dans la grande fresque vidéo *Histoire(s) du Cinéma* que Godard consacrera à l'Histoire mêlée du cinéma et du XXème siècle, le cinéaste fera entendre la voix inimitable de Malraux rendant hommage aux résistants suppliciés, une façon sans doute de présenter ses excuses.

6 Antoine de Baecque, *op. cit.*, p. 322.

- 4 -
Une société prostitutionnelle ?

Une thématique particulière hante le cinéma godardien : la prostitution. Dans les années soixante le cinéaste l'évoque dans sept de ses films[1]. Deux longs métrages, *Vivre sa vie* et *Deux ou trois choses que je sais d'elle*, y sont consacrés. Godard justifie cette prédilection en prétendant que la prostitution mérite d'être analysée comme éminemment représentative des rapports qui structurent les relations humaines dans la société moderne. Il nous convie à une véritable théorie de la société prostitutionnelle.

Godard théoricien

Dans les années soixante Godard n'entend pas se limiter à un rôle d'observateur engagé. A sa manière il se veut théoricien des rapports sociaux. Rappelons que nous sommes dans une période où s'épanouissent les théories critiques de la domination. Foucault, Bourdieu, Althusser, Poulantzas, Marcuse, c'est à qui fera entendre sa musique la plus critique. Godard va jouer sa propre partition dans le concert de la critique sociale.

1 Suzanne Liandrat-Guigues et Jean-Louis Lieutrat, *Godard simple comme bonjour*, L' Harrmattan, 2004, p. 34.

C'est à propos de *Deux ou trois choses que je sais d'elle* que Godard a formulé de la façon la plus nette ce qui peut être considéré comme sa théorie de la société prostitutionnelle. Godard écrit : « Au départ il y a une enquête parue dans le *Nouvel Observateur* qui rejoignait l'une de mes idées les plus enracinées. L'idée que pour vivre dans la société parisienne d'aujourd'hui, on est forcé, à quelque niveau que ce soit, de se prostituer d'une manière ou d'une autre, ou encore de vivre selon des lois qui rappellent la prostitution. Un ouvrier dans son usine se prostitue les trois quarts du temps à sa manière : il est payé pour faire un travail qu'il n'a pas envie de faire. Un banquier aussi d'ailleurs, tout comme un employé des postes et tout comme un metteur en scène. Dans la société moderne industrielle, la prostitution est l'état normal[2]. »

Par-là Godard se montre radical parmi les radicaux. La thématique de l'exploitation renvoie à l'image de l'ouvrier abruti de fatigue pour un salaire de misère ; celle de l'aliénation à la soumission du consommateur matraqué par la publicité ; la thématique de la prostitution accuse encore davantage : il ne s'agit plus seulement de l'injustice capitaliste ou de l'abêtissement généralisé dans une société sans âme mais d'une domination qui s'inscrit dans la sphère de l'intime. En développant le thème de la prostitution comme métaphore des rapports sociaux Godard fait coup double : il s'improvise théoricien à la pointe de la critique sociale et, dans le champ de la production cinématographique, confère au thème abstrait de la domination une dimension charnelle.

Pour Jean-Luc Douin, ce que Godard a cherché à appréhender dans *Vivre sa vie,* son quatrième long métrage, « c'est le basculement, le contexte social, économique,

2 *Deux ou trois choses que je sais d'elle, découpage intégral, op.cit.*, p. 17. Ce texte figurait initialement dans le dossier de presse du film.

politique et psychologique qui provoque la décision de se prostituer[3]. » Le spectateur assiste donc en même temps que Nana (Anna Karina) à sa découverte du monde de la prostitution. Godard s'appuie sur un ouvrage paru en 1959 dans lequel sont décrits par le menu le monde de la prostitution, les termes employés, le cadre règlementaire dans lequel elle s'exerce, le contrôle sanitaire des péripatéticiennes,...Dans cet ouvrage à caractère sociologique dont l'auteur est un juge qui a eu à connaître de nombreuses affaires liées à la prostitution, cette activité est décrite comme une profession comme une autre[4]. Sauf que le basculement de Nana dans le monde de la prostitution va se révéler tragique pour elle. Loin de pénétrer dans un monde voisin du monde ordinaire, Nana pénètre dans un univers impitoyable. Lorsqu'elle fait enfin la connaissance d'un jeune homme qui l'aime et que l'espoir d'une sortie de la prostitution se présente, son mac en fait une monnaie d'échange dans un sordide marché entre proxénètes. Elle est froidement abattue au cours de la transaction.

Mais, dans *Deux ou trois choses que je sais d'elle*, le cinéaste va prendre le contre-pied de cette première approche misérabiliste de la prostitution. Désormais l'élément descriptif central du phénomène prostitutionnel dans le cinéma godardien sera l'indifférence de la prostituée par rapport au fait de se prostituer.

Il vaut la peine de se pencher sur l'enquête du *Nouvel Observateur* que Godard a présentée comme ayant été l'élément déclencheur de son projet de réaliser *Deux ou trois choses que je sais d'elle.* Selon cette enquête, dans les grands ensembles nouvellement construits de la région parisienne se serait développée une « pathologie sociale »,

3 Jean-Luc Douin, *op. cit.*, p. 323.

4 Marcel Sacotte, *Où en est la prostitution?,* Buchet-Castel, 1959.

une forme d'aliénation dont la manifestation la plus visible serait le développement exponentiel de la prostitution occasionnelle. Curieusement le contenu de cette enquête n'est jamais questionné dans les commentaires critiques que le film a suscités[5]. Voilà pourtant une enquête dont les résultats méritent à tout le moins d'être interrogés. Dans son édition du 29 mars 1966, le *Nouvel Observateur* annonce : « Ce que révèle ici Catherine Vimenet, c'est le résultat d'une enquête très sérieuse, menée dans les « nouveaux grands ensembles » de la région parisienne, avec la collaboration d'assistantes sociales, par un organisme tout ce qu'il y a de plus sérieux. Croyez-le ou non, c'est vrai. » Alain Bergala qui présente cet article intitulé « Les étoiles filantes », sans en questionner lui non plus le contenu dans son beau livre « Godard au travail », rapporte que l'article fit grand bruit et suscita de nombreux courriers dont celui d'une certaine Stella confirmant la véracité du phénomène[6].

Or ce qu'affirme la journaliste est pour le moins difficile à croire. Selon elle, « D'une récente enquête, menée dans une cité neuve, à l'est de Paris, où sont logées deux mille familles, il ressort qu'une ménagère sur deux, mères de famille compris, pratique « en amateur » le plus vieux métier du monde. »

A l'appui de son affirmation la journaliste commence par égrener un chapelet de clichés misérabilistes : « Il faut

5 Sont rassemblés dans D*eux ou trois choses que je sais d'elle, découpage intégral,* une quinzaine de propos critiques et de commentaires parus lors de la sortie du film. Aucun ne met en doute la réalité d'une prostitution occasionnelle de masse dans les quartiers populaires. *Idem* dans les pages consacrées à ce film par Antoine de Baecque, *op. cit.*, p. 335/344 et par Jean-Luc Douin, *op. cit.*, p. 120/123.

6 Alain Bergala, *Godard au travail, les années soixante,* Les Cahiers du Cinéma, 2006, p. 328-329.

bien boucler le budget, c'est pour les enfants » disent ces femmes aux assistantes sociales. « On fait une passe entre midi et deux pour se payer un vrai repas » ; « On attend le client aux Halles, un cabas à la main, pour pouvoir le remplir après la passe. » Un tel tableau des conditions de vie des couches populaires dans une période de quasi plein emploi et dans laquelle tout atteste une élévation du niveau de vie (« Les Trente Glorieuses ») est pour le moins étonnant. Selon la journaliste, cette misère résulterait paradoxalement de l'accès aux bienfaits de la société de consommation. « Passer d'un ilot insalubre à un logement décent en HLM, ça coûte cher. Et puis on ne se prive plus. Folie de consommation : jusqu'à dix douches par jour ! » Est-il besoin de le préciser ? Tout cela est affirmé sans la moindre référence à la méthode d'enquête utilisée ni aux coordonnées de l'organisme « tout ce qu'il y a de plus sérieux » qui l'aurait réalisée. Il est vrai qu'évoquer un phénomène clandestin permet toutes les exagérations sans risquer d'être démenti[7]. Cette pseudo-enquête transpire un authentique mépris des couches populaires.

Au début du film Godard explique en voix *off* comment une mère seule avec deux enfants n'a guère d'autre choix que la prostitution, et que, lorsqu'elle épouse plus tard un type gentil, « c'est le mari lui-même qui demande alors à sa

---

7 Aujourd'hui la thématique de la prostitution occasionnelle pour cause de pauvreté est plutôt "documentée" à propos de la condition étudiante. Elle donne lieu à des évaluations tout aussi peu sérieuses. Il y a quelques années un témoignage, *Mes chères études,* a fait l'objet d'une fiction portée à l'écran par la cinéaste Emmanuelle Bercot. Dans le dossier de presse de cette fiction, Canal + avait relayé l'information fournie par "un syndicat étudiant" selon laquelle quelque 40 000 étudiants, garçons ou filles, se livreraient à la prostitution "occasionnellement et anonymement via le net" pour vivre et financer leur scolarité. Ce chiffre est fondé sur "une rumeur absurde" a protesté le sociologue Louis Gruel (Sylvie Kerviel, *Le Monde Télévisions* des 17 et 18 janvier 2010).

femme de faire le trottoir » pour faire face aux charges supplémentaires d'un appartement moderne et d'un troisième enfant. Toutefois, dans le cours du film, le réalisateur prend ses distances avec ce type de discours. A mesure que le film prend corps, la thématique du sordide de la prostitution disparaît. Juliette et son amie Marianne la pratiquent avec indifférence et librement[8].

Dans *La Chinoise*, Yvonne (Juliet Berto), la jeune paysanne montée à Paris et qui fait la bonne chez les jeunes bourgeois qui jouent à la révolution, indique qu'elle aussi fait un peu de prostitution quand le groupe est dans la dèche. Le ton indifférent employé par Yvonne signifie qu'elle n'engage rien d'elle-même dans cette activité.

Plus tard, dans *Sauve qui peut (la vie) (1980)*, la prostituée Isabelle Rivière (Isabelle Huppert) regardera par la fenêtre pendant que son client, le bien nommé Monsieur Personne, s'active avec ses fesses. Alain Bergala commentera : « Le coup de génie de Godard est de filmer les deux parties de ce corps en deux séries de plans parfaitement étanches, non concernées l'une par l'autre, et qui communiquent aussi peu que si Godard, pour les plans de fesse, avait fait appel aux services d'un prête-corps. Isabelle Huppert - est-il besoin de le dire ?- est parfaite dans cette indifférence sans affectation[9]. »

Critique de la théorie de la société prostitutionnelle

Selon Godard, l'obligation de se vendre étant au fondement de la vie sociale, chacun doit faire avec, qu'il soit prostitué (e), ouvrier ou réalisateur. C'est pourquoi chacun

8 Cf. Chap. 2.

9 Alain Bergala, *Nul mieux que Godard,* Cahiers du Cinéma, 1999, p. 134.

développerait une stratégie de résistance dont la caractéristique commune serait le désinvestissement à l'égard de l'activité exercée. Là résiderait l'équivalence de situation entre les travailleurs du sexe et l'ensemble des travailleurs. Mais qui ne verrait la limite de l'analogie ? Que chacun soit inséré dans un réseau de contraintes hiérarchiques est une chose, l'intérêt pris dans l'exercice d'une activité en est une autre. L'analogie ne tient plus lorsqu'il s'agit des métiers de la création artistique.

Mais, dira-t-on, c'est se méprendre sur la théorie de la société prostitutionnelle godardienne que de considérer qu'elle est un moyen pour Godard de se placer à bon compte dans le camp des victimes. En tant que réalisateur, Godard n'a pas hésité à se décrire aussi dans la situation inverse. Evoquant son rapport avec Anna Karina dans *Vivre sa vie*, il écrit que la diriger c'était « avoir des relations avec l'actrice dont j'étais le client, et où elle était la prostituée»[10]. Dans le film, lorsque Nana évoque son désir de faire du cinéma, Raoul, son souteneur, lui répond : « Faire du cinéma ou faire le tapin, c'est la même chose. »

Jean-Luc Douin commente : « Pour Godard, «le cinéma est l'alibi des abus de pouvoir. Sous prétexte de faire de l'art, on y oblige des filles à se mettre à poil en toute impunité (...)[11]. » Cette idée du cinéma alibi de l'abus de pouvoir est reprise dans la fameuse scène de *Sauve qui peut (la vie)* que les critiques ont baptisée « scène de la chaîne sexuelle » où un patron (Roland Amstutz) exige de son assistant et de deux prostituées une mise en scène perverse très élaborée. « (...) Thierry, mets-lui ton truc dans la bouche ! Isabelle, venez de côté, penchez-vous ! Tu vas mettre du rouge à

10 Jean-Luc Godard, *Introduction à une véritable histoire du cinéma,* Editions Albatros, 1980, p. 75.

11 Jean-Luc Douin, *op. cit.*, p. 279.

lèvres, mais seulement quand il te lèchera le cul, et toi Thierry, tu lui lèches la raie du cul, seulement quand l'autre te pompe. Et tu pompes chaque fois que j' te touche les nichons du pied ! Allez, on essaye ! Bon maintenant on va faire le son (…)[12]. » Les acteurs sont alors invités à émettre en rythme des « hé » et des « oh ». Dans cette délirante et pathétique chaîne sexuelle, le patron règle d'abord l'image dans ses moindres détails et ensuite le son. Pour Alain Bergala : « Récapitulons : le pouvoir de l'argent, de la force, mais aussi du cinéma (c'est sa part d'abjection), c'est de donner l'ordre qui obligera une femme à se déshabiller sous un regard ou une posture imposés (*« Tournes-toi – Regarde le paysage!* »). L'ultime abjection, c'est quand l'homme a aussi le pouvoir de lui dicter son texte, sa bande-son : « Dis ta phrase ! » (*Passion*) « Toi tu dis : hé ! » (*Sauve qui peut (la vie)*). Ce sont les deux pouvoirs que le cinéma est censé donner aux cinéastes sur ses acteurs : prends telle posture, dis telle phrase ! (…)[13]. »

Sauf que, nous disent tout aussitôt les critiques, ce que signifie pour Godard la métaphore de la prostitution dans le rapport qu'il entretient avec ses acteurs, n'est que le pouvoir de mettre en scène des corps loués qui ne peuvent se dérober à incarner ses fantasmes. Le cinéaste ressemble au client (Raoul Lévy) qui dans *Deux ou trois choses que je sais d'elle* demande aux deux prostituées occasionnelles de déambuler nues avec un sac de voyage sur la tête. Certes, et cela s'accentuera avec la libéralisation de la censure, il y a présence de corps féminins dénudés dans le cinéma godardien. Mais c'est une présence plutôt désérotisée.

---

12 *Sauve qui peut (la vie)*. Texte reproduit par Jean-Luc Douin, *op. cit.*, p. 358.

13 Alain Bergala, *Nul mieux que Godard, op.cit.* , p.128.

Dans *Passion (1981-82)* une foule de jeunes femmes nues est mobilisée mais c'est dans le cadre de tableaux vivants (reconstitution de *L'entrée des Croisés dans Constantinople* de Delacroix, du *Bain Turc* d'Ingres, de *La Maya nue* de Goya,…). « (…) Godard choisit l'immobilité, la reproduction vivante des tableaux, pour que les scènes d'amour physique échappent à la pornographie, pour leur donner plus de grâce que de pesanteur[14]. » Jean-Luc Douin conclut : « Le cinéaste est proxénète, sauf quand il s'escrime à capter la pureté, un éclat de beauté, un instant de grâce dans ce monde voué aux trivialités. (…). Au voyeurisme il substitue le fantasme du créateur, à la jouissance érotique l'idéal esthétique (…)[15]. »

Mais alors la référence à la prostitution a-t-elle encore un sens ? Elle semble se dissoudre dans la classique relation qui lie le peintre à son modèle. Au final, qu'il s'agisse de la référence au réalisateur prostitué ou au réalisateur client, la référence à la prostitution à laquelle recourt complaisamment Godard, ne résiste guère à l'analyse. L'argument spécieux selon lequel tout le monde vivrait « selon des lois qui rappellent la prostitution » ne serait-il pas plutôt destiné à masquer en quoi la prostitution travaille réellement le réalisateur ?

Un plaidoyer pro domo

Car tout n'est pas seulement ici affaire d'esthétique. A diverses reprises, Godard a eu l'honnêteté, disons même le courage, de s'avouer client. Colin MacCabe rapporte : « Interrogé par une journaliste féministe lors d'un séjour à Londres, il répond sans hésitation que la prostitution a tou-

14 Jean-Luc Douin, *op. cit.*, p. 362.

15 *Ibid,* p. 280.

jours été un problème dans sa vie[16]. » Colin MacCabe ajoute dans une note de bas de page : « Dans une interview avec Margot Kernan dans le *Washington Post* du 14 septembre 1980, Godard fut même plus explicite : « Anne-Marie *(sa compagne Anne-Marie Miéville)* m'a demandé comment je peux inventer des choses comme ça (*il s'agit de la « chaîne sexuelle » dans « Sauve qui peut (la vie) »)* j'ai dû lui dire : « parce que j'en ai fait l'expérience (…) Il n' y a pas de différence entre ma vie privée et ma vie que j'expose dans le cinéma, en m'aidant de ce que je vois, parce que je ne suis pas capable d'inventer quoique ce soit[17]» . »

S'agissant du tournage du film *Passion* où le cinéaste s'est employé « à capter un instant de grâce dans ce monde de trivialités », il a été aussi, si l'on s'en rapporte à Antoine de Baecque, un de ces gros tournages des « années fric du cinéma français, clinquantes et surfacturées » où « la prostitution, ou parfois le harcèlement, disons même le droit de cuissage, font quasiment partie de l'organisation de la figuration ou des petits rôles, féminins et masculins, et la drogue circule largement. Godard est insensible à la seconde, mais pas à la prostitution, il l'a filmée et il l'a dit. Il semble que l'ogre de *Passion* était alimenté en chair fraîche[18]. »

Le fait que Godard assume, ne signifie pas qu'il en soit fier. A propos de *Vivre sa vie* il confie avoir réalisé ce film un peu pour se déculpabiliser : « Je me préoccupais avant tout de mes problèmes avec les femmes ou avec une femme ou avec deux femmes ou avec trois femmes (…) ou de mon problème de fréquenter des prostituées, (…) Et de temps en temps la honte que je pouvais ressentir, étant donné mon

16 Colin MacCabe, *op. cit.,* page 272.

17 *Ibid,* p. 404/405.

18 Antoine de Baecque, *op. cit.*, p. 611.

passé, ou mon moralisme ou des choses comme ça (…) Je trouvais le cinéma utile parce qu'on pouvait, disons, exposer tout ça sans gêne[19]. »

Sous cet angle, *Vivre sa vie* peut être vu comme multipliant les clichés trop bien intentionnés pour être honnêtes. Bien que Godard se soit employé à fournir une image documentaire de la prostitution en s'appuyant sur un ouvrage à caractère sociologique, *Vivre sa vie* accumule les poncifs. Nana est présentée comme étant acculée à se prostituer uniquement pour des raisons économiques. Le film est découpé en douze « tableaux » qui sont autant de stations d'une marche au calvaire.

Une scène dont la critique a fait grand cas, illustre la confusion qu'entretient Godard entre l'exploitation de la prostituée par le client et l'exploitation de l'actrice par le réalisateur. Le jeune client/amant de Nana y raconte à la jeune femme la nouvelle d'Edgar Poe *Le portrait ovale*. Ce récit est celui d'un peintre qui absorbe sur sa toile la vie même de son modèle. Dans cette scène le cinéaste substitue sa propre voix à celle du jeune homme. Godard se décrit comme vampirisant Anna Karina à mesure qu'il l'exalte. Mais, dans le contexte de la prostitution, cette scène transpire la mauvaise conscience du client Godard.

Par la suite, tournant le dos à cette première approche, Godard met en scène dans *Deux ou trois choses que je sais d'elle* et *La Chinoise* des prostituées indifférentes au fait de se prostituer. Cette seconde approche de la prostitution présente, cette fois, le grand avantage d'être complètement déculpabilisante pour le client.

19 Jean-Luc Godard, *Introduction à une véritable histoire du cinéma,* éd Albatros, p. 81.

Dans *Sauve qui peut (la vie)*, à la différence de Juliette qui, dans *Deux ou trois choses que je sais d'elle,* incarne une prostituée improbable, absorbée dans des réflexions intellectuelles, Isabelle Rivière est une prostituée crédible. Travaillant en indépendante, elle est violemment agressée par des proxénètes qui n'acceptent pas qu'elle puisse exercer librement. Sollicitée par sa sœur qui voudrait elle aussi se faire prostituée, Isabelle lui fait une description sans concession des réalités du métier, particulièrement des dégoûts qu'il est propre à inspirer. Se prostituer sans états d'âme et en indépendante, c'est possible mais ça n'est pas facile tous les jours. Les difficultés dépendent notamment de ce que sont les clients.

Or qui sont ces clients ? *Deux ou trois choses que je sais d'elle* et *Sauve qui peut (la vie)* offrent une galerie de portraits sur laquelle il est intéressant de s'arrêter. Dans *Deux ou trois choses que je sais d'elle,* il y a un premier client qui est un jeune homme boutonneux, pas vraiment timide mais quand même assez gauche. La passe a lieu dans un petit hôtel miteux. Le jeune homme n'est pas bien riche. On le devine encore seul dans la vie. Il a besoin d'expérience. On peut penser que se profile ici le jeune Godard des années cinquante, amateur avec son ami Truffaut des amours tarifées. Curieusement Godard fait dire à ce jeune homme une blague bête à propos des Juifs. Il se demande si les hôtels qui ont une étoile sont des hôtels qui appartiennent aux Juifs. La blague ne fait pas rire Juliette. Pure provocation godardienne ? Regard critique sur les jeunes hommes qu'ils furent ? Dans les polémiques apparues ultérieurement quant à l'éventualité de l'antisémitisme chez Godard, cette mauvaise blague est souvent évoquée. Il paraît exagéré de lui donner une trop grande portée.

Dans *Deux ou trois choses que je sais d'elle,* il y a aussi ce client journaliste photographe qui donne rendez-vous dans un hôtel de luxe à Juliette et Marianne. L'homme se montre très à l'aise. La prostitution fait visiblement partie de son ordinaire. Le fait que celui-ci demande aux deux jeunes femmes de se promener nue devant lui avec un sac de voyage sur la tête, l'identifie comme une sorte de pervers. Que ce journaliste, en poste à Saïgon, de passage à Paris, soit américain n'a évidemment rien de fortuit. Godard prétend montrer un lien entre la guerre au Vietnam et le développement de la prostitution occasionnelle en Ile-de-France. Présentant son film, Godard affirme : « Pendant que les Américains poursuivent au Vietnam une guerre immorale et injuste, le gouvernement français, dont tout le monde connaît les liens avec le grand capital, fait construire aux environs de Paris, autour de Paris, de grands ensembles dont les habitants, soit par ennui, soit par une angoisse que développe cette architecture, soit par des besoins économiques, sont amenés à se prostituer notamment, incidemment, à des Américains revenus du Vietnam[20]. »

Dans *Sauve qui peut (la vie)* il y a un client bien peu ragoûtant : monsieur Personne qui continue de traiter ses affaires au téléphone quand il s'active avec les fesses d'Isabelle[21]. Le client ici est plus pathétique que méchant mais il en va différemment avec le client PDG qui, lui, a besoin pour jouir de la « chaîne sexuelle ». Comme chacun sait, les PDG… L'homme accueille l'une des prostituées par ces mots : « Ils ne sont pas terribles vos nichons. »

20 *2 ou 3 choses que je sais d'elle, Découpage intégral,* op. cit., page 16.

21 Jean-Luc Godard a fait appel pour cette scène au comédien Fred Personne…

Dans tous ces films où il est question de prostitution, il n'y a qu'un seul client qui échappe à la caricature : le personnage masculin principal dans *Sauve qui peut (la vie).* Celui-là s'appelle Paul Godard... Lorsqu'Isabelle émet des petits gémissements, Paul Godard (Jacques Dutronc) lui intime l'ordre de se taire : « Te fatigue pas à faire semblant. » Pas question cette fois pour Godard de nous refaire le coup de l'histoire d'amour entre la prostituée et son client. Mais Isabelle est-elle complètement indifférente ? Au matin Paul et elle se quittent en s'embrassant gentiment. Presque comme des amants ou mari et femme… Jean-Louis Douin a parfaitement compris le message : la prostitution ? « C'est un réconfort pour Paul et pour Godard (Oui, confie-t-il à Catherine David dans le *Nouvel Observateur*, c'est une partie de ma sexualité) (…)[22]. »

Pour qui espère que la franchise vaudra absolution, l'argument le plus solide est tout simplement qu'il y a client et client : des clients violents, des clients pervers et puis les autres.

*

La façon dont Godard a cherché à tirer parti en tant que maître du visuel de la charge émotive qui s'attache au thème de la prostitution pour fournir un équivalent cinématographique efficace des rapports sociaux de domination, revient à manipuler une imagerie sexuelle pour donner davantage de force à l'expression d'un point de vue politique.

Une saynète de *Deux ou trois choses que je sais d'elle* est très parlante à cet égard. On a vu que, selon l'enquête du *Nouvel Observateur*, l'accès au confort HLM conduirait les

22 Jean-Luc Douin, *op. cit.*, p. 349.

habitants à des consommations de plus en plus excessives. « Jusqu' à prendre une douche dix fois par jour » prétendait la journaliste. Dans le film, un employé d'EDF sonne chez une jeune fille. Elle est justement en train de prendre son bain. La caméra offre au spectateur la vue de la nymphette qui se relève prestement et couvre en hâte sa nudité. Déjà l'employé est dans la pièce. « Où est le compteur ? » demande-t-il, l'air de rien, tandis que la jeune fille proteste. Il passe dans la pièce d'à côté et revient, peu après, toujours apparemment indifférent à la vue de la jeune fille qui, elle, est toujours debout dans son bain. Se dirigeant vers la porte, il s'en va en s'exclamant : « Oh là, là…ça va faire mal!... cinquante mille balles!... »

La scène est comique et Godard offre au spectateur un petit plaisir scopique. Mais l'intrusion qui s'apparente quand même symboliquement à un viol par un agent de l'Etat, fût-il un modeste employé à casquette du service public, vient inscrire dans la psyché du spectateur l'image d'une pénétration de l'Etat au plus profond des intimités… conformément à ce que Godard annonçait au début du film quant aux grands projets de l'Etat de transformation des modes de vie au service du grand capital.

Dans le cinéma godardien, une vision érotisée des rapports sociaux répond à la présentation désérotisée de la sexualité. Mais en inscrivant la prostitution au cœur du fonctionnement social, Godard fait-il autre chose que manipuler son audience ? Une formule utilisée par Godard pour promouvoir *Deux ou trois choses que je sais d'elle* était : « Quand on soulève les jupes de la ville, on voit son sexe. » Formule brillante mais qui, comme la saynète rapportée ci-dessus, n'est qu'une érotisation d'un propos politique plus manipulateur qu'éclairant.

- 5 -
Figures de l'antiaméricanisme

Antiaméricain ? Quel intellectuel français ne l'est-il pas ? De Baudelaire à Céline, de Sartre à Baudrillard, les écrivains n'ont cessé de vouloir faire rempart à l'Amérique. Critiquer l'Amérique, c'est défendre l'esprit contre l'argent, l'Indien contre le *Yankee,* le Noir contre le Blanc, la féministe qui sait rester féminine contre la féministe puritaine, la culture contre l'*entertainment*, la terre entière contre l'impérialisme.

Jean-Luc Godard s'inscrit pleinement dans cette tradition. Les déclarations de guerre du cinéaste à l'Amérique sont innombrables. L'antiaméricanisme colore l'ensemble de sa filmographie. Voilà qui ne choque guère en France. Mieux même, l'antiaméricanisme du cinéaste est généralement appréhendé comme faisant partie des qualités de l'œuvre. Antoine de Baecque, dans la somme biographique qu'il a consacrée au cinéaste, juge *Eloge de l'Amour,* un film sorti en 2001, particulièrement innovant pour, entre autres raisons, la « vigueur de son antiaméricanisme[1]».

Nous pensons au contraire que l'antiaméricanisme qui, chez Godard, va prendre au fil des ans un caractère vérita-

---

1 Antoine de Baecque, *Jean-Luc Godard biographie,* op. cit., p. 777.

blement obsessionnel, entre pour beaucoup dans les tours et détours les plus critiquables de ses réflexions. Mais, pour prendre la mesure du sujet et de ses conséquences dans la pensée du cinéaste, encore faut-il s'accorder précisément sur ce que recouvre le terme d'antiaméricanisme.

Une tradition bien française

A quels contenus, à quels ressorts l'antiaméricanisme renvoie-t-il dans la société française, qui le propage et comment ? Pour répondre à ces questions, nous nous référerons à l'ouvrage de Philippe Roger paru en 2002, *L'ennemi américain, généalogie de l'antiaméricanisme français* qui constitue incontestablement la somme la plus documentée sur le sujet.

Sur le plan historique l'apport essentiel du travail de Philippe Roger est de montrer combien l'antiaméricanisme en France n'est nullement une création récente. S'il est exact que les lendemains de la seconde guerre mondiale et les années 60/70 ont été des moments durant lesquels l'antiaméricanisme a été fortement relancé en raison notamment du poids acquis en France par le Parti communiste, puis de la vigueur des divers courants contestataires que la protestation contre la guerre au Vietnam a coagulés, Philippe Roger montre que l'antiaméricanisme récent n'a fait que recycler des thématiques développées de longue date.

L'antiaméricanisme français est un discours fait de strates successives devenu au fil du temps assez indépendant des faits et des évènements. L'essentiel des éléments qui le constituent, se met en place entre la fin du XIXème siècle et les années trente. Depuis, ce corpus a été sans cesse réapproprié par les uns ou par les autres. Car, et c'est là une de ses caractéristiques essentielles, ce discours est repris, selon les moments, indépendamment des clivages idéologiques. Roger repère, dès le milieu des années 1880, des convergences dans les propos antiaméricains d'un républicain affiché, Frédéric Gaillardet, et d'un baron très conservateur, Edmond de Mandat-Gracey[2]. Par la suite des arguments identiques sont repris au fil des ans par des écrivains, journalistes ou simples observateurs qu'ils soient dreyfusards ou antidreyfusards, entrepreneurs pro-capitalistes ou syndicalistes révolutionnaires, collaborationnistes ou résistants, d'extrême droite ou d'extrême gauche. En France, l'antiaméricanisme met tout le monde d'accord. C'est un thème fédérateur dont on peut dire qu'il est même un facteur de cohésion nationale. Dans ce consensus, tout juste repère-t-on quelques inflexions en termes sociologiques. Les enquêtes montrent que l'antiaméricanisme est quelque peu davantage présent dans les couches intellectuelles que dans les couches populaires et un peu plus fort à gauche qu'à droite. Globalement l'Amérique suscite en France des sentiments d'hostilité nettement plus forts que chez nos voisins[3].

« Au XXème siècle, la France fut envahie par les Etats-Unis. Vous ne trouverez cette phrase dans aucun livre d'histoire ; mais il est une autre histoire, intuitive et têtue, que les nations préfèrent, en général, à celle des manuels. Dans les annales non officielles du sentiment collectif, cette invasion est un fait d'évidence et, pour la France, l'un des évènements majeurs du siècle passé[4].»

Les formes prises par cet envahissement sont innom-

---

2 Philippe Roger, p.148-149. Cette référence et toutes les références ultérieures à Philippe Roger proviennent de son ouvrage *L'ennemi américain, généalogie de l'antiaméricanisme français*, Seuil poche, 2002.

3 *Ibid*, p. 581.

4 *Ibid*, p. 439.

brables. L'Amérique envahit les corps comme les esprits. Baudelaire à qui l'on doit le terme « américaniser », est un des premiers auteurs à avoir développé le thème de la destruction de notre civilisation par l'américanisation de notre société. Dans un texte où il développe une vertigineuse vision de fin du monde, Baudelaire écrit « La mécanique nous aura tellement américanisés, le progrès aura si bien atrophié en nous toute la partie spirituelle, que rien parmi les rêveries sanguinaires, sacrilèges, ou anti-naturelles des utopistes ne pourra être comparé à ses résultats positifs[5]. »

Dès la fin du XIXème siècle, les clercs s'accordent pour considérer qu'il n'y a aux Etats-Unis aucune véritable spiritualité, ni vie intellectuelle et artistique. L'Américain est considéré comme étant totalement absorbé par des préoccupations matérialistes. C'est un peuple d'ingénieurs qui développe une incroyable ingéniosité pour fabriquer les machines mais qui est dépourvu de véritables capacités d'abstraction. Les universités ne dispensent que des enseignements spécialisés. On n'y cultive pas l'Esprit.

Roger consacre un chapitre à la place donnée dans la littérature française aux mâchoires des américains. En 1905, dans une période où les théories raciales sont encore à l'honneur, Jules Huret, un journaliste, décrit son entourage *yankee* ainsi : « Dans l'oeil dur, le menton, les maxilaires volontaires se condensaient l'expression foncière, les signes caractéristiques de la race[6]. » Dans les années trente l'image perdure. Selon Georges Duhamel, « les gens qui vous bousculent dans les rues de New York ou de Chica-

5 Charles Baudelaire, *Œuvres complètes, Fusées,* Seuil, 1979, p. 629. Cité par P. Roger, p. 98-99.

6 Jules Huret, *En Amérique (II)*, Fasquelle, 1905, p. 340. Cité par Roger, p. 259.

go » ont « des mâchoires de fauves en chasse[7]. » Une vision que partage après-guerre Jean-Paul Sartre : amené à rencontrer le président Roosevelt en 1945, il lui trouve « quelque chose d'ouvert et de communicatif qui se mélange curieusement avec l'âpreté un peu féroce des mâchoires[8] ». Ce fantasme de dévoration vient illustrer ce que l'on considère comme une donnée intangible, les appétits impérialistes de la première puissance mondiale. En 1898, les Etats-Unis, jusqu'ici considérés comme peu belliqueux, se sont emparés de Cuba et des Philippines après avoir déclaré la guerre à l'Espagne. Ils ont acquis alors dans l'opinion française le statut de puissance menaçante, un statut qui perdure encore aujourd'hui bien que, par deux fois, les troupes américaines soient venues décisivement aider à la libération du sol français.

Dans l'après-seconde guerre mondiale, la reconnaissance à l'égard des *Boys* ayant débarqué en Normandie se mua progressivement en fantasme de colonisation américaine. Ne manque pas d'étonner le résultat d'une étude réalisée à cette époque par le Département d'Etat étatsunien qui conclut qu'un an après la ratification du plan Marshall, seulement un tiers des Français se déclarant non communistes sont favorables à ce plan perçu par une nette majorité de Français comme un placement américain à long terme défavorable aux intérêts français[9].

Depuis, une pièce centrale du procès intenté au colonialisme US est l'accusation de colonialisme culturel. Ce procès, dont on verra comment il sera repris encore et en-

---

7 Georges Duhamel, *Scènes de la vie future,* Fayard, 1938, p. 118. Cité par Roger, p. 262.

8 Jean- Paul Sartre, *Le Figaro,* 11-12 mars 1945.

9 Etude citée par Roger, p. 418.

core par Godard à travers ses attaques innombrables contre Hollywood, est un procès éternellement relancé en France. Après-guerre, le Parti communiste, soutenu par beaucoup d'intellectuels, fit campagne « contre le complot contre l'intelligence ». Etaient visés la production culturelle de masse américaine, les films noirs, les dessins animés, les bandes dessinées. Plus tard Marguerite Duras qualifiera le parc Disney à Marne-la-Vallée de « Tchernobyl culturel ».

Aujourd'hui l'heure est au procès de la *marvellisation* du cinéma. Le piquant de l'affaire est que les contempteurs des blockbusters actuels n'hésitent pas à leur opposer les films qui, selon eux, représentaient hier des films populaires hollywoodiens de qualité. Dans cet esprit, Stéphane Delorme, rédacteur en chef des *Cahiers du Cinéma*, évoque : « (…) *L'exorciste*, *Les Dents de la Mer, Rocky, Star Wars, la Fièvre du samedi soir, Rencontres du troisième type* (…) *Alien* ou même le premier *Superman* [10]». Il oublie de préciser que ces films, lorsqu'ils sortirent, étaient, pour ses prédécesseurs à la tête des *Cahiers*, des films exemplaires de la décadence hollywoodienne…

Démocratie ou dictature ?

Une autre thématique essentielle de l'antiaméricanisme est la mise en question du caractère démocratique de la société américaine. Là aussi il est piquant de pouvoir se référer à Baudelaire qui déjà rapporte avoir « entendu dire qu'aux Etats-Unis il existe une tyrannie bien plus cruelle et plus inexorable que celle d'un monarque, qui est celle de l'opinion[11]». Ici le détour par Tocqueville est requis.

10 Stéphane Delorme, "L'Usine à Fantasy ne fait pas rêver", *Cahiers du Cinéma*, février 2020, p. 28.

11 Baudelaire, *Œuvres complètes, Edgar Poe, sa vie et ses œuvres*,

L'auteur *De la démocratie en Amérique* n'est évidemment pas la tasse de thé des antiaméricains. Mais ces derniers n'ont de cesse de s'y référer quand il s'agit d'affirmer que la démocratie n'existe pas vraiment aux Etats-Unis car le conformisme social y est écrasant. La moins oubliée des leçons tocquevilliennes, nous dit Philippe Roger, est que le conformisme majoritaire y constitue comme « un cercle formidable autour de la pensée[12]». Les antiaméricains les plus conséquents vont plus loin. « De proche en proche, de droite à gauche, de confiscation en aliénation, de « démocratie trop formelle pour être réelle » en « technocratie » trop capitaliste pour être humaniste, voici le « système américain » poussé dans ses derniers retranchements.(…). Cette énormité de moyens déployés pour faire pression sur l'homme, tout en lui laissant l'apparence et l'illusion de son libre arbitre, n'est-ce pas la perfection de la dictature ? » Telle est la question que se pose un certain Robert Aron dès 1935 dans son ouvrage *Dictature de la Liberté*[13].

Une autre grande caractéristique de l'antiaméricanisme est sa propension à se porter au secours des victimes du racisme des *WASP* en vertu de l'adage bien connu selon lequel les ennemis de mes ennemis sont mes amis. Dès le XIXeme siècle il existe une abondante littérature en France en faveur des Noirs et des Indiens. Mais l'expression de cette solidarité apparaît quelque peu factice quand on se souvient que l'opinion française et la diplomatie de Napoléon III penchaient du côté des Sudistes lors de la guerre civile américaine. Le point de vue dominant en France était que cette guerre était peu motivée par la question de l'es-

---

Gallimard, La Pléiade, t. 2, p. 252. Cité par Philippe Roger, p. 96.

12 Alexis de Tocqueville, *De la Démocratie en Amérique,* (I), Robert Laffont, 1986, p. 246. Cité par Roger, p. 539.

13 Cité par P. Roger, p. 510.

clavage et bien davantage par des questions économiques. Or nos intérêts commerciaux étaient plus forts avec le Sud. Par ailleurs Philippe Roger montre que les soi-disant défenseurs des Noirs et des Indiens n'étaient pas les derniers à produire eux-mêmes des descriptions très racistes de ces populations. Parmi beaucoup d'autres, Roger cite André Siegfried qui, à l'issue de considérations telles que le « bloc nègre » est ethniquement « inassimilable », conclut un ouvrage par ces mots : « Avez-vous lu *L'île du docteur Moreau,* de Wells, l'histoire fantastique de ces animaux qu'un savant transforme en demi-humains, qui réclament les mêmes droits que l'homme et qu'on finit par tuer, tous ? C'est cela la question nègre[14]. »

Relevant que dans son autobiographie, Malcom X déclare : « Je ne suis pas américain », Roger observe : « Voilà un titre suffisant à l'intérêt des Français. Ce pourrait être la devise de cette contre-culture dont le succès en France, à partir des années 1960-1970, loin de démentir l'antiaméricanisme, fait système avec lui[15]. » Roger récuse l'idée que le goût français pour le jazz, le *protest song* ou le rap serait le symptôme d'une « américanisation ». « La valorisation de ces formes en France est indissociablement liée au fait qu'elles apparaissent (ou sont apparues en leur temps) comme dissidentes et subversives au sein de la culture américaine. (…). Le goût de la contre-culture d'origine américaine est l'antiaméricanisme continué par d'autres moyens[16]. »

14 André Siegfried, *Les Etats-Unis d'aujourd'hui,* Armand Colin, 1927, p. 89. Cité par P. Roger, p. 279.

15 P. Roger, p. 571.

16 P. Roger, p. 572.

Mais, pour être puissant et fédérateur en France, l'antiaméricanisme n'en est pas moins le symptôme d'une faiblesse. Son succès revient à s'unir sous la forme négative du rejet d'une autre nation. De plus il y a dans la déploration antiaméricaine le sentiment sous-jacent qu'en dépit de tous les barrages qu'on prétend vouloir ériger à la progression de l'influence étatsunienne, les jeux sont faits. Le discours antiaméricain s'est forgé à une période où la puissance américaine avait déjà largement dépassé la puissance de chacune des nations occidentales.

Godard l'antiaméricain

Dans les années cinquante, Godard, amoureux fou du cinéma américain, n'est certainement pas un parangon d'antiaméricanisme. Le cultissime *A bout de Souffle* est un hommage au film noir. Relevons toutefois que le thème de la trahison féminine, si souvent repris par la suite, s'incarne dans ce premier long métrage sous les traits d'une américaine. L'accent de Jean Seberg, son français approximatif et le fait qu'elle vende le *New York Herald Tribune* sur les Champs-Elysées soulignent le caractère anglo-saxon de Patricia. Dans la France gaulliste d'alors, cet élément entre certainement aussi en ligne de compte dans le surprenant immense succès du film.

Nous évoquerons ici quelques exemples d'antiaméricanisme qu'on pourrait qualifier de satellites dans l'ensemble du corpus godardien. Nous verrons plus loin qu'il en est d'autres, cette fois au cœur du corpus.

En 1965 Godard tourne *Alphaville*. C'est un film de science-fiction à propos d'un monde totalement déshumanisé. En tournant dans des décors parisiens, Godard nous signifie que ce futur est déjà là. Le maître de cette dictature est l'ordinateur Alpha 60 conçu par un savant fou. Le patronyme de ce professeur, Von Braun, et le vestimentaire des forces de sécurité d'*Alphaville* rappellent le régime nazi.

Mais, répondant à Jean Collet, un critique qui lui dit qu'*Alphaville* lui a fait penser à un livre de Georges Bernanos *La France contre les robots*, Godard indique qu'il a effectivement relu ce livre, qu'il aime beaucoup, avant de tourner le film[17]. Richard Brody relève que dans cet ouvrage Bernanos juge que les trois grandes « démocraties » modernes, qu'il appelle « la Démocratie impériale anglaise, la Démocratie ploutocrate américaine et l'Empire marxiste des dominions soviétiques », peuvent chacune être assimilée à « une sorte de socialisme d'Etat, forme démocratique de la dictature ». Bernanos prophétise une tyrannie universelle fondée sur la technologie. « Bernanos (…) craint (…) autant l'Amérique que l'Union soviétique, en s'interrogeant, incrédule, à propos de ce Truman, ce politicien des affaires, sans savoir-vivre, sans passé, sans culture, qui doit avoir une confiance aveugle dans la société de Machines[18]. »

L'intérêt de Godard pour ce type d'argumentaire fait écho à ce que lui-même déclare dans l'hebdomadaire *L'Express* en 1961 à propos de son refus de « toutes les formes de socialisme, celui de Kennedy et celui de Krouchtchev[19] ». Derrière *Alphaville* dirigé par un ordinateur, se profile la société la plus avancée sur le plan technologique, la société américaine qui manipule les consciences à l'égale de la dictature communiste.

17 Richard Brody, *Jean-Luc Godard, Tout est cinéma,* Presses de la Cité, 2010, p. 282.

18 *Ibid.*

19 *Ibid.*

De même trouve-t-on dans *Pierrot le fou,* le film qui suit immédiatement *Alphaville*, un moment où par le biais d'une blague que Pierrot/Ferdinand raconte à Marianne, Godard postule l'équivalence des USA et de l'URSS. Il s'agit d'une petite scène où les amants sont enlacés dans le sable au clair de lune et qui s'achève quand Marianne murmure deux mots qui n'ont pas manqué de faire sensation à l'époque : « Baise moi ». Pierrot/Ferdinand rapporte à Marianne que le seul homme habitant sur la lune s'est réjoui quand Léonov, le premier cosmonaute russe, a débarqué. Mais très vite il a déchanté, Léonov s'étant mis en tête de lui faire avaler les œuvres complètes de Lénine. Aussi a-t-il vu arriver, avec un grand soulagement, White, le premier cosmonaute américain, mais il n'a « même pas eu le temps de dire bonjour que l'autre lui a foutu une bouteille de Coca-cola dans la gueule, en le forçant à dire merci d'avance. Alors il en a marre. Il va laisser les Américains et les Russes se tirer dessus et il s'en va. »

Pour les antiaméricains la démocratie étatsunienne est en réalité une forme de dictature aussi dangereuse, voire plus dangereuse parce que plus insidieuse, que les dictatures patentées. Georges Bernanos, Robert Aron, Georges Duhamel, Luc Durtain, Jean-Pierre Maxence, Daniel Rops sont quelques-uns des auteurs qui dès les années vingt multiplient les parallèles entre les USA et l'URSS en dépit de ce qui les différencie radicalement. Pour Robert Aron il s'agit de deux nations « sur-outillées et sur-étatisées ». Pour Daniel Rops, « le stalinisme, bien éloigné du marxisme véritable, (…) paraît aussi vain et aussi malfaisant que le fordisme américain[20]. »

Autre élément emprunté par Godard à la tradition antiaméricaine : la défense des minorités ethniques. Comme

20 P. Roger, p. 508-509.

André Breton qui après-guerre rentre de son exil américain en évoquant ses amis Noirs et Indiens, comme Sartre en défense des sorcières de Salem, comme Genet qui se mobilise pour les *Black Panthers*, Godard affiche avec constance sa solidarité avec l'ensemble des groupes humains qui ont fait l'objet de persécutions sur le sol américain. En 2004, dans *Notre Musique,* apparaîtront des *Native Americans* en grande tenue traditionnelle. Avec ces Indiens filmés dans les Balkans, le cinéaste trace un parallèle entre le sort des Indiens d'Amérique et celui des musulmans bosniaques et palestiniens. L'expression d'un tel soutien aux minorités américaines ne saurait en soi être considérée comme une manifestation d'antiaméricanisme, sauf que ce soutien se révèle bien superficiel. Les figures militantes, noires ou indiennes, sont essentiellement des éléments de décor. Aucun membre d'une minorité ethnique n'a joué un rôle de premier plan dans la filmographie du cinéaste. L'image qu'il donne des militants *Black Panthers* dans *One+One (1969)* leur porte même gravement atteinte[21].

La théorisation par les antiaméricains dès la fin du XIXème siècle des menaces que fait courir l'Amérique à notre souveraineté, notre civilisation et notre *French way of life,* suscita de nombreuses propositions pour tenter de contrecarrer cette domination. La proposition la plus consistante fut d'opposer à l'Amérique la construction de l'Europe. Henri de Beaumont est le premier à tracer cette perspective dès 1898[22]. « (Il) cristallise une certaine idée des Etats-Unis d'Europe, non pas comme émulation et réplique des Etats-Unis d'Amérique, mais comme réponse et riposte à

21 Cf. Chap 6.

22 Henri de Beaumont, « De l'avenir des Etats-Unis et de leur lutte future avec l'Europe », *Journal des Economistes*, juillet 1898. Cité par P. Roger, p. 364.

la menace que ceux-ci constituent. Sa voix ne restera pas longtemps solitaire[23]. » Très nombreux seront par la suite les appels en ce sens. « Proust met en scène un Charlus chez qui une germanophilie irrésistible se combine avec une américanophobie irrépressible[24]. » Sauf que cette idée allait être durablement discréditée à partir du moment où l'instrumentalisèrent les collaborateurs lovés dans le giron de Germania contre le bolchevisme et l'Amérique ploutocratique. Cela n'empêchera pas que certains efforts soient encore régulièrement déployés, notamment à gauche, pour faire de l'Union européenne un rempart contre l'influence américaine.

Toutefois « ces efforts ne semblent pas avoir été particulièrement fructueux auprès du noyau dur antiaméricain qui est aussi un noyau dur antieuropéen [25]. » Un entretien entre Daniel Cohn-Bendit et Jean-Luc Godard en fournit une bonne illustration[26]. A Daniel Cohn-Bendit qui déclare que désormais il préfère le mot écologie au mot socialisme, Godard répond, vachard : « L'Europe et l'écologie, j'admire, ça me fait de la peine de te voir là, c'est touchant au fond. » Daniel Cohn-Bendit réplique : « Mais ça ne t'intéresse pas, l'idée de créer un espace en Europe où le cinéma peut exister ? Couper les ponts de la dépendance culturelle américaine ? » « Mais elle est déjà là à 150% » répond Godard qui en d'autres occasions provoque en expliquant que le seul cinéma européen qui ait jamais existé, a été le cinéma allemand produit par l'UFA et dirigé par Goebbels.

23 P. Roger, p. 365.

24 P. Roger, p. 210.

25 P. Roger, p. 391.

26 *Télérama* du 12 mai 2010.

Plus encore aujourd'hui qu'hier, le discours antiaméricain résonne comme un discours de protestation contre le déjà-là ou contre l'inéluctable. Il résonne comme un discours nostalgique sur un monde disparu ou en voie de l'être. Pour le Godard mélancolique de la maturité, ce ne sera pas le moindre de ses charmes.

- 6 -
Rejet de la contre-culture

La guerre d'Algérie tout juste terminée, s'engage la guerre du Vietnam. Très vite Godard va se porter aux avant-postes du combat contre cette guerre impérialiste. Jusqu'aux accords de paix de 1973 chacun de ses films, quel que soit le thème abordé, délivrera un message de soutien aux Vietnamiens. C'est le cas dans *Pierrot le fou (1965), Masculin féminin (1965-1966), Deux ou trois choses que je sais d'elle (1966), Made in USA (1966), La Chinoise (1967), Week-end (1967), Caméra Œil (1967), One+One (1968)* et les films de la période marxiste-léniniste du cinéaste *(1969-72).*

Il ne s'agit pas ici de prétendre qu'en se mobilisant pour le retrait des Américains du Vietnam Godard faisait preuve d'antiaméricanisme. Certes il ne fait pas de doute que la mobilisation anti-guerre en Europe a surfé sur des sentiments antiaméricains. Mais le simple fait que l'épicentre du mouvement anti-guerre se soit trouvé aux Etats-Unis, suffit à écarter l'argument selon lequel manifester contre la guerre aurait été en soi antiaméricain. Deux Amériques se faisaient face. A l'Amérique qui soutenait la guerre s'opposait l'Amérique contestataire, celle du *Movement*, contre la guerre au Vietnam et la société de consommation, pour la libéralisation des mœurs, les droits civiques et la contre-culture.

Cette Amérique-là tendit les bras à Godard. Il y est accueilli chaleureusement comme un héros de la contestation, en quelque sorte le Bob Dylan du cinéma. On organise pour lui des conférences sur les campus, qui se transforment en autant de meetings où Godard tient la vedette. Il s'y frotte aux thématiques au cœur des protestations : le mouvement anti-guerre mais aussi le mouvement en faveur du *Free speech* qui réclame une démocratisation de la vie universitaire ; le mouvement en faveur des droits civiques qui se radicalise et devient pour partie un mouvement de revendication identitaire avec l'apparition des *Black Panthers* ; le mouvement hippie et le développement de la contre-culture (la *free press*, la *pop music*, les tentatives de vie communautaire, la libération sexuelle, le recours aux drogues, les expériences d'éducation alternative). Plus qu'une mobilisation politique au sens traditionnel du terme, il s'agit d'un mouvement de transformation culturelle. Godard est ébloui par ce bouillonnement. Son goût de la provocation, son insolence s'accordent parfaitement à l'état d'esprit qui règne parmi les *radicals*. Son cinéma témoigne de l'intérêt qu'il porte initialement à la contre-culture. Dans *Masculin féminin* Paul raconte à Robert sur un ton admiratif qu'il y a là-bas un certain Bob Dylan qui « vend des millions de disques ». Le cinéaste était fait pour plonger dans cette contestation tous azimuts où se tentaient alors mille expériences.

Antoine de Baecque évoque le rôle considérable que va jouer Godard à la fin des années soixante en ces termes : « C'est un homme passerelle : il fait circuler les images, les idées, incarnation possible d'une internationale de la contestation, forgeant des liens entre les manifestations de Mai 68, la contre-culture musicale et cinématographique, les révoltes étudiantes des campus américains, le tiers-mondisme d'inspiration cubaine, les luttes syndicales et ouvrières, les revendications des *Black Panthers* et les expériences de télévisions locales d'extrême gauche[1]. » Il conclut : « S'il existe à ce moment un langage commun de la circulation de la pensée critique, une dissémination de la contre-culture, une généralisation de la radicalité politique, sans doute Jean-Luc Godard et ses voyages, le cinéaste et ses projets de 1968, en sont-ils un emblème possible[2]. »

L'esprit alors libertaire de Godard le rendait spécialement perméable aux effluves de la contre-culture. Un temps, son cinéma flirta avec l'imaginaire hippie. Dans *Pierrot le fou (1965)*, Pierrot/Ferdinand (Jean-Paul Belmondo) et Marianne (Anna Karina) larguent les amarres du monde bourgeois pour vivre d'amour et d'eau fraîche au bord de la Méditerranée comme d'autres rejoignent alors le *Flower Power* californien.

Godard était particulièrement bien placé pour réaliser une sorte de synthèse politico-artistique à la confluence des aspirations dont étaient porteurs le mouvement étatsunien multiforme et le vent de contestation plus directement politique en Europe qui allait trouver son *climax* dans le Mai 68 français. Son progressisme, souvent superficiel et même très limité au chapitre du statut de la femme, présentait l'insigne avantage de ne pas être coulé dans le béton d'une idéologie. Son anticonformisme aurait pu le conduire jusqu'à remettre en cause ses préjugés antiaméricains.

L'enjeu n'était pas mince. La pensée de gauche en France encore largement tributaire de schémas issus du dix-neuvième siècle avait tout à gagner à se revivifier auprès de ce

---

1 Antoine de Baecque, *op. cit.*, p. 442.

2 *Ibid.*

qui émergeait là-bas en termes de changements culturels, de féminisme et d'écologie.

Malheureusement l'occasion sera manquée. Godard n'a pas été l'homme de la synthèse. Les rushes d'un film avorté tourné fin 1968 aux Etats-Unis témoignent de cet échec. Le film devait s'appeler *One American Movie*. L'ambition était de donner à voir l'Amérique contestataire sous ses différentes facettes. Ont été filmées des rencontres avec des figures politiques, Eldridge Cleaver, dirigeant des *Black Panthers* et Tom Hayden, dirigeant des *Students for a Democratic Society* ; des séquences musicales avec des musiciens de *free jazz*, l'*Art Ensemble of Chicago*, et de *rock* californien, le *Jefferson Airplane*, ainsi que d'autres séquences dans une école noire de Brooklyn et dans une banque de Manhattan. Le tournage reposait sur un trio. Godard dirigeait mais la caméra était tenue par deux cinéastes américains, Richard Leacock et Don Alan Pennebaker. A la vue des rushes, Godard désavoue brutalement leur façon de filmer. L'expérience capote. Godard ne montera jamais le film[3]. Par-delà les désaccords sur le plan artistique, le fait que ce film ait été laissé en plan et que Godard ne s'y soit plus du tout intéressé, illustre qu'en cette fin 68 Godard a tourné le dos aux effluves de la contre-culture anglo-saxonne. Significativement Godard dira plus tard qu'il a abandonné ce film parce qu'il manquait de « contexte[4]».

En fait, loin d'aller respirer aux Etats-Unis l'air frais

3 Une lointaine idée de ce projet est donnée dans le film *One Parallel Movie* que Pennebaker a réalisé en mettant bout à bout une heure vingt minutes de rushes. *One Parallel Movie* figure dans le coffret *Jean-Luc Godard y El Grupo Dziga Vertov*, 5 DVD, Intermedio et Gaumont, 2008. Mémorable est la prestation sauvage du *Jefferson Airplane* sur un toit new-yorkais avant que n'intervienne la police.

4 Wheeler Winston Dixon, *The films of Jean-Luc Godard,* State University of New-York Press, 1997, p. 110.

d'une contestation échappant aux carcans des vieilles idéologies révolutionnaires, le cinéaste privilégia là-bas la fréquentation des militants ayant adopté la grille de lecture du vieux monde. Ainsi il appréhendra le mouvement noir à travers le marxisme léninisme des leaders extrémistes *Black Panthers*, ignorant les autres courants noirs moins idéologiques, non violents mais tout aussi déterminés dans le combat contre le racisme[5].

Il est vrai qu'une fécondation mutuelle des courants de contestation américain et français était difficilement imaginable à l'époque. En dépit d'une forte attirance pour certains pans de la culture américaine (le cinéma, le jazz, la littérature) la gauche française considère que les Etats-Unis sont irrémédiablement la terre d'élection du capitalisme sauvage, du racisme et du puritanisme. La guerre du Vietnam ne pouvait qu'exacerber cet état d'esprit.

Alors, comme tant d'autres en Europe, Godard dériva peu à peu vers un marxisme léninisme terriblement sectaire. Dans un film tourné en Angleterre en 1969, *British Sounds,* il filme avec componction une réunion de militants ouvriers mais tourne en dérision le renouveau de la pensée féministe : la contribution demandée pour ce film à Sheila Rowbotham, l'auteure d'un des premiers textes du *Women's Lib* anglais, consiste à descendre et remonter nue l'escalier d'un appartement pendant qu'un de ses textes est lu en voix off. La scène qui sera finalement tournée avec une actrice suite au refus de l'auteure, s'achèvera sur un long plan de son pubis…

Les années marxistes léninistes (1969-72) seront bien entendu des années d'antiaméricanisme débridé. Godard suivit la pente d'un Sartre qui alla jusqu'à dire dans une in-

5 Pascal Noblet, *L'Amérique des Minorités, les politiques d'intégration,* L'Harmattan, 1993.

terview restée fameuse, qu'il fallait couper tout contact avec les Américains, tous les Américains, y compris les militants anti-guerre[6]. Bientôt, dans *Week-end* et dans *One+One*, Godard donnera de la contestation politico-culturelle mâtinée de contre-culture anglo-saxonne une vision de plus en plus sombre, de nature à davantage doucher ses fans qu'à les galvaniser. Reniant peu à peu ses inclinations premières, il sera alors cueilli comme un fruit mûr par les zélateurs débilitants du président Mao. Entre-temps, Godard hésitera, le temps de *La Chinoise*.

La Chinoise (1967)

Le film illustre parfaitement le glissement qui s'opère chez Godard du pôle libertaire au pôle doctrinaire de la contestation, non sans tiraillements. D'un côté sa verve iconoclaste perdure. La musique *pop*, les couleurs, le regard distancié, l'ironie mordante et souvent la dérision avec laquelle il traite les militants marxistes léninistes qu'il met en scène font que les effluves de la contre-culture se font encore fortement sentir dans ce film. Mais Godard n'en est pas moins fasciné par le révolutionnarisme doctrinaire des jeunes dont il a fait la connaissance par l'intermédiaire de celle qui va devenir sa seconde épouse, Anne Wiazemsky, alors étudiante en philosophie à Nanterre.

Tour à tour, le cinéaste porte un regard radicalement critique puis très empathique sur ces militants branchés sur *Radio Pékin*. Le cinéaste est alors dans la peau de celui que les groupuscules révolutionnaires appellent un « sympathisant ». Souvent le sympathisant manifeste des sursauts d'indépendance critique d'autant plus vifs qu'il sent fondre

6 Jean-Paul Sartre, « Il n'y a plus de dialogue possible », *Le Nouvel Observateur*, 1er avril 1965.

ses dernières résistances. Dans les interviews qu'il a données, Godard a prétendu qu'il s'était dans ce film constamment placé politiquement du côté de Véronique (Anne Wiazemsky) et de ses amis « ML ». Mais il est pour le moins paradoxal que Godard donne longuement la parole à Henri, un dissident du groupe. Henri a tout le loisir d'exposer de façon cohérente et crédible pourquoi il s'éloigne sans regret de ses anciens camarades désormais qualifiés par lui de fanatiques, alors que les militants dont Godard dit défendre la cause, ne font qu'ânonner tout au long du film des slogans insipides tirés du *Petit Livre Rouge*.

La confrontation qu'organise Godard entre Véronique et son professeur de philosophie, Francis, est encore plus troublante. Le personnage de Francis est interprété par Francis Jeanson. Celui-ci fut le dirigeant du principal réseau de soutien au FLN organisé par des citoyens français pendant la guerre d'Algérie. Francis, qui sait donc de quoi il parle, se montre d'autant plus convaincant au cours de cette confrontation que les actions que Véronique se propose de réaliser, sont proprement délirantes : « Détruire la Sorbonne, le Louvre, la Comédie Française » ; « supprimer les examens générateurs de névrose, d'angoisse et de frustration sexuelle » ; « obtenir la fermeture des universités. » Francis Jeanson : « Comment vous y arriverez à deux ou trois ? » Véronique : « On tuera des professeurs, personne ne voudra plus venir. » Francis : « Mais pour quoi faire ? » Véronique : « Comme en Chine, les étudiants seront envoyés travailler aux champs. » Elle affirme que le fait qu'elle soit allée travailler durant l'été du baccalauréat à la cueillette des pêches, lui a permis de réussir la session de rattrapage…

Malgré cet échange, Véronique persévère dans ses intentions. Elle renonce au projet de tuer des professeurs mais décide d'assassiner le ministre russe de la culture invité à Paris pour l'inauguration de la faculté de Nanterre. Comble d'amateurisme, elle se trompe de numéro de porte et assassine un voisin du ministre. Qu'à cela ne tienne, se rendant compte de son erreur, elle revient sur ses pas pour finir le travail. On comprend que les vrais militants « ML » aient qualifié le film de « fasciste ». Godard lui-même, lorsqu'il sera passé complètement dans le camp des « maos », s'autocritiquera en qualifiant rétrospectivement *La Chinoise* de « film complètement réactionnaire ».

Sans qu'il l'ait vraiment voulu (au départ Godard avait pensé opposer le personnage de Véronique à Philippe Sollers), Godard semble avoir pressenti combien se lovait le désir d'en découdre, ici et maintenant, dans la référence encore théorique à la « nécessaire violence des masses en période révolutionnaire » constamment brandie par les jeunes militants. En offrant à Francis Jeanson l'occasion de démontrer que le recours à la violence terroriste était politiquement indéfendable dans la France des années soixante, Godard a, volontairement ou non, fait œuvre utile. Rappelons que la France, à la différence de l'Italie et de l'Allemagne, a été globalement préservée du terrorisme d'extrême-gauche dans les années post-68.

Mais l'hésitation godardienne ne durera pas longtemps. Dans son long métrage suivant, *Week-End*, Godard donnera longuement la parole à deux révolutionnaires doctrinaires, qui en appellent à la violence révolutionnaire. Dans ce film entièrement basé sur la dérision, leurs deux monologues, au demeurant interminables, sont les seuls moments où le cinéaste prend au sérieux les propos de ses personnages[7].

7 Wheeler Winston Dixon, *op. cit.*, p. 96.

Week-End (1967)

Peu de films sont porteurs d'une vision aussi noire et désespérée que *Week-End.* Le film est d'abord une charge impitoyable contre la civilisation de l'automobile. La France est plongée dans une apocalypse routière. Sur les routes, les corps, tordus et ensanglantés dans les véhicules disloqués, partout s'amoncellent[8]. Au milieu de ce décor dantesque, le principal protagoniste, Roland (Jean Yanne) est l'archétype du « beauf bête et méchant » tel qu'il sera popularisé dans les années soixante-dix par le magazine *Charlie Hebdo* et qu'on retrouvera plus tard dans le film de Claude Chabrol *Que la bête meure.* Mais la dernière partie du film nous fait découvrir une face de la barbarie encore pire que celle engendrée par la société de consommation. Cette barbarie est celle des « radicaux » devenus fous. Ils ont fondé le « Front de Libération de la Seine et Oise » et pratiquent le *foco* guévariste. Relevons que ces guérilléros ne portent pas des treillis militaires comme on pourrait s'y attendre. Leur tenue est plutôt celle de hippies. Ce sont apparemment d'ex-libertaires ayant troqué la guitare contre la mitraillette. Retranchés dans les forêts d'Ile-de-France, ils attaquent, détroussent, font prisonniers d'inoffensifs pique-niqueurs. Pire encore ils les tuent, les dépècent et les mangent.

Le spectateur est bien sûr invité à découvrir ces péripéties sous l'angle de l'humour noir. Mais difficile quand même de ne pas avoir le cœur soulevé à la vue des images de cannibalisme. La société est effroyable mais ceux qui la combattent sont capables d'être plus effroyables encore. Sans doute plusieurs lectures d'une telle extravagance sont

---

8 Rappelons que dans les années soixante on a compté certaines années jusqu'à 16 000 tués sur les routes. Ce chiffre a été ramené actuellement à moins de 4 000 décès alors que le parc automobile a entre-temps considérablement augmenté.

possibles. On peut soutenir qu'en forçant ainsi le trait, dépeignant les partisans du mouvement sous les traits de grotesques terroristes, Godard ne faisait que tourner en dérision l'image des contestataires véhiculée par la presse réactionnaire. On peut aussi prétendre qu'il n'y a aucune raison de prendre au sérieux cette farce macabre, tout juste convient-il d'en rire jaune. Le film baigne dans une telle irréalité qu'il peut être vu comme un défouloir en ces temps de grandes tensions. Il reste que le film ne contient pas une seule image un tant soit peu positive à l'égard du mouvement social dont Godard est censé à l'époque être une figure de proue.

One+One (1968)

Le film est consacré aux *Rolling Stones* répétant et enregistrant une de leurs plus célèbres chansons, *Sympathy for the Devil.* C'est un film sombre, sans énergie, délibérément fait pour décevoir les attentes. Il est pour le moins étonnant que ce film soit passé à la postérité comme un fleuron de la verve pop alors qu'il en est la démystification même[9].

Ce qui intéresse Godard ici en premier lieu, ce n'est nullement les *Stones* en tant que tels. Au départ du projet il était question de filmer les *Beatles* mais John Lennon, méfiant, s'est récusé. L'objectif de Godard est de s'attaquer au phénomène de la starisation dont il est lui-même l'objet. Dans *One+One* les stars sont filmées sans effet, à distance, cliniquement. Les *Rolling Stones* sont simplement cinq musiciens qui travaillent sérieusement comme des centaines

9 Isabelle Regnier, « Godard, les Rolling Stones et la dynamique de création », *Le Monde*, 5 mai 2006. Pour la journaliste, « le film n'est pas qu'une publicité pour une chanson. C'est un essai –génial–sur la révolution, la liberté, la création, dont le propos interdit tout simplement de montrer la chanson terminée ».

de milliers d'autres au même moment à travers le monde. Aucun commentaire ; aucune interview. Absolument rien de nature à enflammer les fans.

La critique de la célébrité se poursuit lors de saynètes conçues en contrepoint des séances de répétition. Dans l'une d'elles, une jeune femme, Eve Democracy (Anne Wiaziemsky), est harcelée par un interviewer. Elle répond à ses questions complexes simplement par oui ou par non. Dans une autre scène d'interview, un leader noir fait l'important alors que ses réponses sont indigentes. Pour Godard le seul fait de se trouver dans une situation d'interview est devenu insupportable.

One+One repousse encore les limites de la dénonciation du « mouvement ». Dans *Week-end* les sinistres guérilleros étaient des êtres de fiction. Ils ne représentaient qu'une virtualité possible de l'évolution de la contestation. Godard cette fois filme d'authentiques militants anglais se réclamant du *Black Panthers Party*. La scène se passe dans une casse de voitures évoquant l'univers désolé du ghetto. Ceux-ci déclament les textes incendiaires de leurs leaders. Armés, ils ont fait prisonnières trois femmes blanches. Pieds nus et en robe blanche, toutes trois sont abattues. Certes toute cette scène est une mascarade irréelle comme l'est une autre séquence du film : un bouquiniste, sémillant jeune homme que son costume violet identifie à la scène culturelle pop, lit à voix haute *Mein Kampf* pendant que des acheteurs de BD érotiques quittent le magasin en faisant le salut nazi. Mais le cinéaste peut-il être inconscient au point d'ignorer combien le meurtre de jeunes femmes blanches assumé par des militants noirs, même sur le mode de la dérision, est de nature à renforcer le racisme ?

Parvenu à ce stade, le cinéaste exprime un cri de haine à l'égard des partisans du mouvement qui peuvent, de façon réversible, être associés à des partisans d'Hitler. C'est que la contre-culture désormais révulse Godard. Alors que *Pierrot le fou* était un film où perçait la connivence du réalisateur avec certaines formes de rupture sociale nées outre-Atlantique, dans *One+One* le radicalisme du *Swinging London* est jugé dérisoire, à l'image de cette militante jouée par Anne Wiazemsky, qu'on voit toujours de dos, traçant sur les murs de la capitale anglaise des slogans aussi absurdes que « FREUDEMOCRAÇY », « SOVIETCONG » ou « FBI + CIA = PAN AM + TVA ». Comme Sartre affirmant en 65 qu'il fallait rompre avec les Américains, quels qu'ils soient, Godard nous signifie qu'il rompt avec toutes les formes de contestation « petites bourgeoises » et particulièrement celles en provenance du monde anglo-saxon.

- 7 -
Marxisme-Leninisme

Au début de l'année 68, Godard a maintenant fait table rase du cinéma tel qu'on le connaît. Il s'agit pour lui de repartir de zéro. Il va s'y essayer à l'occasion de la première commande que le cinéaste obtient de la part de la télévision française. Il s'agit d'une adaptation de l'ouvrage de Jean-Jacques Rousseau sur l'éducation, *Emile*, qu'il va bien entendu complètement détourner. Le film ne sera jamais diffusé à la télévision.

Le Gai Savoir (1968)

La nuit, dans un studio de télévision, Emile Rousseau (Jean-Pierre Léaud) et Patricia Lumumba (Juliet Berto), qui incarnent un gauchisme gouailleur plutôt sympathique, se retrouvent pour bâtir un programme de travail visant à décomposer les images et les sons pour les recomposer dans un deuxième temps sous une forme nouvelle.

Mais l'exercice tourne court. Le programme semble dépasser les forces des protagonistes. L'envie de filmer du cinéaste s'effiloche au point que l'image laisse place purement et simplement à de longs moments d'écran noir.

Il n'y a plus alors que la bande son qui déverse interminablement des paroles vides de sens.

Entre-temps Godard aura saturé l'écran d'un déversement d'images révolutionnaires, d'extraits de BD, de slogans, de photos de magazine, de titres d'ouvrage. Il en résulte un nivellement de toutes les formes de communication. Cet effet est encore accentué par le traitement des images qui défilent à un rythme très rapide.

A de très nombreuses reprises, Godard recourt à des photos de femmes dénudées empruntées à un livre d'art, une BD populaire ou à *Playboy* sur les corps desquelles il écrit des slogans ou simplement des mots tels que « socialisme », « Hegel », « Freud »…Godard provoque mais qui provoque-t-il sinon ceux-là mêmes qui voyaient en lui une figure de leur mouvement ? Les autres ne peuvent qu'être indifférents à ce discours qui s'autodétruit dans le non-sens.

La tentative de recomposer les images et les sons s'achève donc dans la confusion.[1] La nature ayant horreur du vide, une voie va alors rapidement s'imposer au cinéaste dans le contexte de l'après-Mai 68. Godard, comme tant d'autres à l'époque, va se transformer en propagandiste zélé du marxisme léninisme. On a parlé de « suicide artistique ». Marc Cérisuelo qui conteste la formule, fait valoir que Godard ne s'est pas suicidé puisqu'il a eu une intense activité ces années-là, réalisant film sur film comme dans les années précédentes[2]. L'un n'empêche pas l'autre.

---

1 Dans une interview donnée au journal *Le Monde* le 30 mars 1980, Jean-Luc Godard concédera rétrospectivement le caractère « un peu puéril et provocateur » du *Gai Savoir*. MacCabe, *Jean-Luc Godard, a Portrait of the Artist at Seventy*, Bloomsbury, Publishing PLC, 2004, p. 258.

2 Marc Cérisuelo, *Jean-Luc Godard*, L'Herminier Editions des Quatre-Vents, 1989, p. 149.

Le traumatisme de Mai

En mai 68, Jean-Luc Godard filme dans les manifestations et son implication sera décisive dans le mouvement de contestation qui conduira à la clôture précipitée du festival de Cannes. Cependant il n'est pas un acteur de premier plan. Dans un premier temps, Mai 68 aggrave le désarroi du cinéaste palpable depuis *Week-End*. Un des aspects de mai qui a le plus touché Godard, est la remise en cause de tous les types de leadership, y compris le sien.

Godard écrit : « Je me suis senti contesté, ça m'a fait du bien. Ça m'a fait un peu peur aussi ; je me suis dit : tiens c'est peut-être la fin (...) ça m'a fait du bien d'entendre ça, car effectivement à un moment donné, le metteur en scène, c'est quelqu'un qui a tout pouvoir[3]. » La remise en cause va être profonde. Godard a véritablement vécu Mai 68 comme une injonction de transformation personnelle. Il va rompre radicalement avec le milieu du cinéma y compris avec ses meilleurs amis. Pendant plusieurs années l'homme public Godard disparaît presque totalement. Le silence se fait sur sa personne. Son niveau de vie devient bien inférieur à celui qui était le sien précédemment[4].

En 1966 les premiers contacts du cinéaste avec les militants de l'« Union des Jeunes Communistes Marxistes Léninistes (UJCML) » à l'Université de Nanterre lui avaient inspiré *La Chinoise*. Le film avait surpris dans la mesure où il mêlait constamment une sympathie évidente pour les

---

3 Jean-Luc Godard, *Introduction à une véritable histoire du cinéma*, *op. cit.* , p. 268.

4 Comme Godard avait quasiment disparu à cette époque et que ses films n'ont pratiquement pas été vus, les biographes se sont particulièrement attachés à combler le manque d'informations se rapportant à cette période. Colin MacCabe, Richard Brody et Antoine de Baecque y ont consacré de longs chapitres passionnants.

jeunes révolutionnaires avec des moments de dérision féroce à leurs dépens. Godard gardait alors une certaine distance critique à l'égard des zélateurs de Mao. En 1968 cette distance tombe par l'intermédiaire d'une rencontre avec Jean-Pierre Gorin, jeune militant féru d'Althusser et de cinéma. Jean-Pierre Gorin va rapidement devenir le mentor politique de Godard. Rétrospectivement Anne Wiazemsky a eu des mots particulièrement durs pour stigmatiser l'entichement de son ex-mari pour ce jeune militant. « Gorin a fait ressortir ce qu'il y avait de pire en lui, il l'a entraîné vers un cinéma qui n'était pas le sien. Il créait un vide autour de lui. Je suis partie à cause de (Gorin), parce que nous vivions avec lui. C'était un vrai commissaire politique. Tous mes problèmes avec Jean-Luc viennent de son arrivée[5]. » De fait, une symbiose s'installe entre les deux hommes que Gorin évoquera plus tard comme une forme de relation amoureuse qui ne se rompra qu'avec l'apparition dans la vie de Godard de celle qui deviendra sa nouvelle compagne, Anne-Marie Miéville.

La collaboration étroite du duo (Gorin indique qu'à cette période les deux hommes se voyaient de 10h à 2 h du matin) va s'incarner dans une production collective, celle du « Groupe Dziga Vertov » qui va réunir durant quelque trois années autour des deux compagnons un petit noyau fluctuant de collaborateurs[6].

---

5 Anne Wiazemsky, entretien du 20/2/2003 avec R. Brody, *op. cit.* , p. 431.

6 L'appellation du groupe illustre une volonté de filiation avec une figure du cinéma révolutionnaire bolchevique, Dziga Vertov. Ce cinéaste, partisan du *Kinopravda (cinéma-vérité)*, fut le militant d'un cinéma mixant ancrage dans le réel et rhétorique révolutionnaire. Il sera comme beaucoup d'autres artistes soviétiques happé dans la machine de propagande stalinienne.

Les principes du groupe Dziga Vertov

Le cinéma de Godard devient donc le cinéma du groupe Dziga Vertov. Le cinéaste n'a jamais laissé planer le moindre doute à ce sujet : il considère les films du groupe Dziga Vertov comme faisant pleinement partie de sa filmographie[7]. Attelons-nous donc à fournir quelques clés...sans prétendre qu'elles permettraient de rendre la vision de ces films moins rebutante.

En se fondant dans un collectif Godard disparaît en tant qu'auteur. L'idée d'un auteur qui puise en lui-même l'inspiration créatrice, est une idée qu'il juge désormais réactionnaire. L'idée de la valeur esthétique d'une œuvre indépendamment de son contenu politique est répudiée. La création, le cinéma ne sont qu'un moyen parmi d'autres de mener un combat politique.

La rupture avec les circuits classiques du cinéma s'impose parce que le cinéma véhiculé par ces circuits ne peut être qu'un instrument d'aliénation. Cela implique de compter sur ses propres forces tout au long de la chaîne de production du film, depuis son écriture jusqu'à sa diffusion. Par nécessité mais aussi par choix les films révolutionnaires reposent donc sur des petits budgets. Ils sont basés sur des modes d'expression simples. Ils n'ont d'autre but que d'élever le niveau de conscience des masses.

---

7 Les six films dont on peut dire qu'ils appartiennent à la période Dziga Vertov même s'ils n'ont pas tous été réalisés sous l'égide du groupe sont *Un film comme les autres, British Sounds, Pravda, Vent d'est, Luttes en Italie, Vladimir et Rosa* et *Letter to Jane*. A ces films dits “invisibles” puisqu'ils ne sont pas sortis dans les circuits commerciaux ni n'ont été diffusés par les chaînes de télévision qui les avaient commandités, il convient d'ajouter *Tout va bien*, dernière collaboration Godard-Gorin sorti dans le circuit commercial en 1972. Gaumont a réédité les films de cette période dans un coffret intitulé *Jean-Luc Godard Politique*, 2012.

La marque de fabrique du groupe Dziga Vertov est de faire un cinéma qui se veut critique des illusions de la représentation. La représentation est à combattre comme une forme d'aliénation et d'oppression. Lorsque des cinéastes dits de gauche prétendent faire des films politiques en utilisant les codes de la représentation (à l'époque Godard vise notamment les films de Constantin Costa-Gavras), ils ne font que reproduire l'outil de domination idéologique (« bourgeois ») qu'est le cinéma. Le rejet radical de la représentation a pour conséquence la disparition de la notion de personnages et de scénario. Que reste-t-il alors sur l'écran ? Des plans indifférents d'hommes et de femmes, de paysages, d'usines, de villes. Dans *Vent d'Est* (1970) qui est en quelque sorte le film manifeste de cette période, une série de silhouettes plus ou moins sorties de l'imagerie d'un *western* (au départ le projet, issu d'une collaboration avec Daniel Cohn-Bendit, avait été orienté vers la réalisation d'un *western* de gauche), déambulent dans la campagne italienne. Certains incarnent la répression ; d'autres, qui sont leurs prisonniers, la révolte. De temps en temps des coups de feu, des blessés ou des morts. Mais rien ni personne à qui s'identifier. Rien qui laisse à penser que ce qui se passe sur l'écran serait réel. En revanche la bande son est envahissante : le plus souvent, il s'agit d'une voix off qui lit d'assommants textes marxistes.

Une autre clé de compréhension est le souci d'opposer le ralenti au flux d'images des médias commerciaux. Cela passe par le recours fréquent à de très longues prises. Le résultat en est d'interminables plans dont la fonction est de frustrer le plus possible le spectateur intoxiqué par le cinéma bourgeois. *British Sounds* (1969) commence par huit minutes d'un travelling sur une chaîne de montage de voitures. Au bruit difficilement supportable de l'usine se mêle la lecture d'un texte de Marx. Ce travelling n'est pas sans rappeler celui de l'embouteillage monstre dans *Week-end*. Dans *British Sounds*, le bruit strident des machines remplace celui des klaxons. Simplement, dans *British Sounds*, de la première à la dernière seconde de ce plan séquence, il ne se passe rien. La caméra ne fait que passer d'une voiture à l'autre en cours de montage.

Mais cette volonté d'abolir tout ce qui fait l'intérêt de ce qu'on appelle communément un film, fait bon ménage avec des mises en scène grossièrement symboliques censées exalter le combat révolutionnaire. Dans *British Sounds*, une main ensanglantée dans la neige reprend vie peu à peu jusqu'à pouvoir enfin brandir à nouveau le drapeau rouge. A la fin du film, chaque émission d'un slogan est ponctuée d'un poing crevant l' « Union Jack ». A diverses reprises, dans ce film comme dans les autres, la lutte révolutionnaire est identifiée à une rose rouge en gros plan, laquelle rose rouge réapparaît flétrie ou traînant dans le caniveau quand il est question de la trahison des « révisionnistes ». Même en se remettant dans le contexte de l'époque, la pauvreté de l'imagerie est affligeante.

Une production réactionnaire

C'est lors d'une rétrospective Godard au Centre Pompidou en 2006 que je découvris les films du collectif Dziga Vertov. J'en fus stupéfié et indigné. Comment se pouvait-il qu'un esprit aussi anticonformiste ait pu sombrer plusieurs années dans une telle rigidité dogmatique ? J'étais passé moi aussi par le militantisme d'extrême-gauche mais de là à proférer de tels discours à longueur de pellicule, la chose était proprement sidérante. Tout aussi sidérant à mes yeux fut ces soirs-là la passivité du public qui, comme moi sans doute, découvrait ces films. Pas un murmure ; pas un ricanement. Personne ne broncha face à ce qui pouvait, avec le recul des années, être jugé comme l'expression politique d'une sorte de fascisme rouge. Je fus quasiment le seul à quitter plusieurs fois la salle avant la fin, écœuré. Je préjuge qu'il y avait ces soirs-là deux catégories de spectateurs : des spectateurs avertis, spécialistes de Godard, qui, comme je le montrerai plus loin, tout en étant critiques du contenu de cette production, s'évertuent à sauver ces films de l'opprobre qu'ils méritent et des spectateurs non avertis, certainement dubitatifs dans leur for intérieur, mais paralysés dans leur jugement dès lors qu'il s'agit de Godard. Au final les deux attitudes se conjuguaient dans une atmosphère pesante, expression d'une sacralisation détestable. Alors que l'homme Godard et ses thuriféraires n'ont cessé de prétendre que toute son œuvre, tant par son contenu que par sa forme, est une critique sans concession du décervelage généralisé engendré par des flux d'images télévisuelles et cinématographiques sans âme, j'observais, médusé, que son public, savant et non savant, acceptait sans broncher, ce qui, venant d'un autre, aurait été rejeté sans hésitation aux poubelles de l'histoire du cinéma.

Cette production se prétend révolutionnaire. Certes, superficiellement, ces films en appellent au soulèvement des opprimés. *Vent d'Est* s'achève sur une formule plusieurs fois répétée : « Tous les principes du marxisme se résument en : on a toujours raison de se révolter » …au risque que le spectateur se demande pourquoi une heure et demie de logorrhée marxiste-léniniste était nécessaire si cette simple formule suffit à contenir tout le message. Mais en réalité ces films sont, à de nombreux égards, profondément réactionnaires.

Le film le plus consternant de ce point de vue est certainement *Pravda*. Il est tourné en avril 1969 dans la Tchécoslovaquie occupée par l'armée russe depuis l'été 68. L'équipe du film, supervisée par un accompagnateur officiel, ne tournera que quelques jours avant d'être expulsée. Le film ne contient que des images banales : des longs plans de travailleurs devant leurs machines ; des images de rue ou de paysans aux champs. Comme chacun sait, l'intervention de l'armée rouge dans ce pays mit fin à la plus sérieuse tentative de construction d'un « socialisme à visage humain » engagée par une équipe de dirigeants communistes réformateurs, le fameux tandem « Dubcek- Svoboda ». Mais, selon nos « révolutionnaires », les dirigeants du « printemps de Prague » étaient en profond accord avec les soviétiques pour mener une politique de restauration du capitalisme sous la forme d'un capitalisme d'Etat étroitement lié au capitalisme occidental. Le film dénonce la ligne « Dubcek, Husak, Khrouchtchev ». Pourquoi donc Moscou a envoyé les chars ? Mystère. Avec une telle analyse Godard et ses amis se rangent du côté des oppresseurs. Ils seront d'ailleurs considérés comme des agents de l'ennemi par les dissidents tchèques qui rompront tout contact avec eux.

Last but not least, *Pravda* dénonce la corruption dans laquelle les dirigeants révisionnistes entraînent la jeunesse pour les détourner des idéaux révolutionnaires. Comment ? En laissant circuler la pop music, *Play Boy* et des produits de consommation venant de l'Ouest, en organisant des dancings, en autorisant les jeunes à porter les cheveux longs… Rien de très surprenant en vérité : le moralisme le plus étroit règne alors dans les groupes marxistes léninistes. On ne s'amuse pas quand on fait la révolution. Consacrer du temps à ses proches n'est pas bien vu. Il est fortement conseillé de ne pas faire d'enfants. Il faut être toujours prêt à reconnaître qu'on n'en fait pas assez pour la cause. Cela suinte dans les films Dziga Vertov où le militant (souvent la militante...) est régulièrement sommé(e) de se remettre en cause. L'ambiance est à la mortification, l'autocritique et la négation de soi. Postérieurement Godard dira : « On ne vivait pas[8]. »

On l'aura compris, les idées défendues dans *Pravda* ne sont rien d'autre qu'un décalque grossier du discours de propagande chinois totalement étranger à la réalité des évènements. Qui découvre *Pravda,* mais cela est vrai des autres films « invisibles » du groupe Vertov, ne peut qu'être frappé immédiatement par le ton « télévision d'Etat ». Une voix monocorde dévide un discours abstrait plaqué sur une pauvre imagerie. On y poursuit sans cesse les « révisionnistes » comme ailleurs les « traîtres » ou les « terroristes ». C'est le ton des dictatures sous toutes les latitudes. Anne Wiazemsky a raconté que Godard avait été profondément déçu que les gens de l'ambassade chinoise à Paris à qui il était allé projeter *La Chinoise*, s'étaient montrés hostiles au film[9]. Il fallait à l'évidence une sérieuse dose de naïveté de la part du cinéaste pour penser que *La Chinoise* pourrait être considéré par des officiels chinois comme un film défendant leurs intérêts. La « collaboration » de Godard avec les Chinois s'était arrêtée là. Dommage...car un film comme *Pravda* aurait certainement pu recevoir les honneurs de la télévision chinoise.

Enfin on ne saurait faire l'impasse sur l'apologie de la violence constamment mise en avant dans les films de cette période au nom de la révolution. Dans *Vent d'Est* nos révolutionnaires se permettent de tourner en dérision une femme

8 Richard Brody, *op. cit.* , p. 364.

9 Anne Wiazemsky, *Une année studieuse*, NRF-Gallimard, 2012, p. 216-219.

dont on entend la voix en off, qui déplore que « des innocents aient été tués par une bombe dans un supermarché ». Rappelons qu'à l'époque les discussions sur le recours à la violence terroriste ne furent pas que des vues de l'esprit dans les cercles que fréquentaient Godard et Gorin.

Complaisances

Au vu d'un tel gâchis, comment ne pas être surpris par l'indulgence que recueillent ces films dans un certain nombre de travaux consacrés au cinéaste. On observe même aujourd'hui une tendance visant à la réhabilitation de cette production. Bien sûr, les films sont reconnus comme dogmatiques[10]. Mais là ne serait pas l'essentiel. D'aucuns insistent sur l'importance de la démarche. Le résultat serait moins important que l'esprit qui animait l'entreprise. Pour Marc Cérisuelo : « Même sans acquiescer à la vulgate mao, celui qui assiste à une projection de *Vent d'Est*, est interrogé sur son attitude spectatorielle par l'échange « inouï » qui s'élabore entre le son et l'image, empêchant ainsi ce que Serge Daney, dans un article non signé, nommait « la paisible rumination mentale »[11]. » Pour Serge Tubiana : « Au-delà de ce qui était dû au gauchisme politique et théorique

10 Encore que chez certains thuriféraires même le dogmatisme, dès lors qu'il est godardien, a des vertus ! Ainsi, pour David Faroult, Godard ne chercherait pas « à prescrire quoi penser- les déclarations péremptoires y sont autant d'invitations à le contredire » ! Et si « ses propos et son foisonnement d'images peuvent sembler confus, ils pourraient même l'être parfois délibérément : ces brouillages ne sont-ils pas finalement les bienvenus ? Ils ont sans doute la vertu d'exclure une trop forte adhésion des spectateurs au propos des cinéastes, qui alertent précisément sur leurs propres pouvoirs de manipulation : ils sollicitent dès lors le maintien d'une vigilance critique »… *Godard, Inventions d'un cinéma politique*, Les prairies ordinaires, 2018, p. 367 et 372.

11 Marc Cérisuelo, *op. cit.* , p. 158.

de l'époque, *Vent d'Est* demeure un film de déconstruction imparable, au texte brillant et plein d'humour, un exercice filmique utile pour comprendre le rôle et la fonction des images. *Vent d'Est* s'attaquait au romanesque bourgeois et à ce qu'il véhicule sur le plan de l'image et du son[12]. »

Dogmatique, péremptoire, daté, exaspérant le discours Godard/Gorin ? Oui, certes. Mais ça reste « brillant » et « plein d'humour ». Pour Jean-Luc Douin, Richard Brody, Marc Cérisuelo, Colin MacCabe, François Nemer, le film *Letter to Jane* que nous évoquerons au chapitre suivant, est un film « brillant ». Marc Cérisuelo nous dit, lui, qu'il rit même à *Vent d'Est* [13]. Pourtant, s'il y a bien un grand absent dans les films de cette période (hormis quelques moments de V*ladimir et Rosa),* c'est bien l'humour dans lequel excellait le Godard d'hier. Colin MacCabe reconnaît que dans *Pravda* le problème est la ligne politique maoïste, moins hostile à l'invasion russe qu'au mouvement de « libéralisation » qui l'avait précédée, mais prétend que le film offre « une déconstruction hilarante des conventions du documentaire télévisuel, une critique dévastatrice du principe « voir c'est croire »[14]. » Pourtant les images de *Pravda* ne sont, comme le souligne Jacques Aumont, « que des plans « documentaires » rapportés de Tchécoslovaquie, trop moches, à peu d'exceptions près pour avoir été filmés par Godard, et (ces images) n'ont, par elles-mêmes, aucun sens déterminé[15]. »

Là où cependant Marc Cérisuelo n'a pas complètement

12 Serge Toubiana, Note sur *Vent d'Est*, *Cahiers du Cinéma, spécial Godard*, 1991, p. 120.

13 Marc Cérisuelo, *op. cit.* , p. 162.

14 MacCabe, *op. cit.* , p. 221.

15 Jacques Aumont, Note sur *Pravda, Cahiers du Cinéma, spécial Godard,* 1991, p. 120.

tort, c'est lorsqu'il écrit que le « ton très godardien de la dérision grinçante » reste « une virtualité toujours présente dans les films du groupe.[16] » Disons que par instants en effet le caractère plombé de cette production laisse filtrer un parfum de dérision comme si, malgré tout, le doute remontait à la surface. Dans *Vent d'Est* tant les images du pseudo western que les extraits des discussions en assemblée générale sur ce que devrait être le film, ont un côté tellement dérisoire qu'on n'imagine pas que Godard ne soit pas conscient de l'effet produit. De tels moments nous ramènent du côté de *La Chinoise* où cohabitaient discours militants et radicale moquerie à l'égard de ceux qui les tenaient. Nous avions mis cela sur le compte du statut de Godard à l'époque simple « sympathisant » partagé entre l'adhésion et le recul critique. Mais en 1969 Godard est maintenant clairement tombé dans la marmite mao. Malgré tout, l'individualité Godard par instants clignote.

Pour autant, c'est faire beaucoup d'honneur au travail du groupe Dziga Vertov que d'estimer que la caractéristique de cette production serait qu'elle est « essentiellement critique à l'égard des engagements d'extrême-gauche[17] ». De même paraît très exagérée la sorte de satisfecit global qu'Antoine de Baecque décerne finalement « par-delà les excès dogmatiques et rhétoriques qui prêtent à sourire » au cinéma godardien de cette période : « le grain rêche, l'ambition d'une nouvelle grammaire, une puissance visuelle qui jette le trouble[18] ». La vérité est qu'il est proprement incompré-

16 Marc Cérisuelo, *op. cit.* , p.162.

17 Antoine de Baecque, p. 486. L'auteur fait cette remarque à propos du film *Luttes en Italie* où l' « établissement » en usine d'une militante qui travaille pour les média, est jugé par Godard-Gorin contre-productif. A tort à notre avis (Cf. Notre analyse de *Luttes en Italie,* ch. 8).

18 *Ibid*, p. 445.

hensible que l'esprit provocateur en diable du Godard des années soixante ait pu ainsi se ratatiner. Il est pareillement incompréhensible que le maître des couleurs pop et le signataire d'admirables images dans ses films postérieurs ait pu se satisfaire de produire autant d'images vides et laides.

Est-il besoin de le dire ? « Les premières sorties publiques du groupe, films à l'appui, sont à la fois des évènements et des fiascos. La curiosité est grande, et l'incompréhension des spectateurs présents l'est tout autant, quand les films ne sont pas pris à partie par des groupes politiques rivaux[19]. »

De toute cette production on sauvera *Un film comme les autres* (1968). Ce film est pour l'essentiel l'enregistrement d'une conversation dans un terrain vague entre militants étudiants et ouvriers. Les protagonistes sont filmés sans même qu'on puisse voir leurs visages, apparemment dans le souci de réduire les individus à des entités interchangeables au sein des « masses ». Sur le plan filmique, *Un film comme les autres* n'a vraiment rien d'excitant mais c'est un témoignage instructif sur les sujets qui faisaient alors débat entre militants gauchistes.

On se réjouira aussi du ton, au moins dans les premières minutes, de *Vladimir et Rosa* (1971). Le film baigne dans la même outrance gauchiste que les autres mais Godard et Gorin y font preuve d'un esprit d'autodérision qui tranche avec le reste de la production du groupe. Quand Godard et Gorin tournent *Vladimir et Rosa*, leur carapace militante est en train de craquer. L'année précédente les deux amis ont effectué plusieurs séjours au Moyen-Orient où ils ont accepté de tourner dans le cadre d'une commande du Fatah palestinien. Ce tournage fut pour eux une dure épreuve de vérité. D'une part, Godard et Gorin mesurèrent rapidement le rôle

19 *Ibid*, p. 463.

étroitement propagandiste qu'attendait d'eux la direction du mouvement palestinien ; d'autre part, ils filmèrent des combattants qui pour certains allaient être massacrés peu après par le régime jordanien. Les tueries de « Septembre Noir » bouleversèrent les deux cinéastes.

Vladimir et Rosa est une parodie du fameux procès connu sous l'appellation des « Huit de Chicago » intenté à des leaders du mouvement contestataire américain. La parodie devient vite lassante mais l'entrée en matière pendant laquelle Godard, en voix off, surjoue l'accent vaudois, se moque du procès et ironise sur tous ses protagonistes, militants compris, donne une petite idée de ce qu'aurait pu être un cinéma godardien en prise avec l'esprit contestataire dans ce qu'il avait de meilleur. Evidemment *Vladimir et Rosa* fut extrêmement mal reçu dans les quelques cercles de militants religieux dans lesquels il fut montré. Godard et Gorin firent platement leur autocritique à propos de ce film qui témoignait d'un certain retour de flamme chez le cinéaste à l'égard de la contre-culture US. Dans une interview publiée dans un magazine de gauche américain, Gorin déclara : « C'est un film vraiment mauvais. Il n'a rien pour lui. » Godard renchérit : « C'est un film complètement manqué[20]. »

Pas vraiment de retour critique

Sur cette période Dziga Vertov, Andrew Sarris qui fut aux Etats-Unis un des critiques les plus élogieux du cinéma godardien des années soixante, a eu ces mots : « La mort d'un artiste est un prix trop élevé à payer pour la naissance d'un révolutionnaire, même quand la révolution semble

20 *The Velvet Light Trap*, n°9, Summer 73, cité par Antoine de Baecque, p.477.

avoir plus de sens qu'elle n'en a jamais eu[21]. » Ce constat désolé sonne plus juste que les tentatives laborieuses de réévaluer coûte que coûte ces années-là en en faisant des années laboratoire. Les auteurs qui mettent en valeur l'inventivité formelle liée à cette époque minorent la gravité des reproches à adresser au cinéaste sur le fond. Séparer la forme du fond dans cette affaire n'est pas possible. Ceux qui soulignent que le rôle du son par rapport à l'image dans la production Dziga Vertov annonce l'importance que prendra le son dans les films ultérieurs, ont une fâcheuse tendance à minimiser l'entreprise de décervelage dont le son fut précisément le vecteur privilégié.

Youssef Ishaghpour prétend que « si ces films restent encore visibles, au-delà de leur valeur documentaire sur la débilité politique effarante de gens qui, dans la plupart des cas, se bornent à débiter les formules maoïstes, comme au moment des vêpres, les bonnes femmes disent des chapelets d'Ave maria dans les églises de Rome, c'est qu'il y avait malgré tout un élément de jeu dans tout cela qui est amplifié par la *poétique* propre de Godard et ses recherches sur les formes de l'expression[22]. » L'auteur biaise avec les faits. La dimension de jeu, à l'exception de quelques moments de *Vladimir* et *Rosa*, est cruellement manquante dans cette production parce que Godard, contrairement à ce que suggère Ishaghpour, n'est pas extérieur à ces « gens » dont la « débilité politique » est « effarante ». Il en fait complètement partie.

Non seulement il n'est pas possible de tirer un bilan de cinéma qui serait « globalement positif » mais on doit re-

21 Andrew Sarris, interview dans *The Village voice* du 30 avril 1970.

22 Jean-Luc Godard, Youssef Isaghpour, *Archélogie du cinéma et mémoire du siècle, dialogue*, ed.Farrago, 2000, p. 115.

gretter que cette période ait si peu fait l'objet d'un retour critique de la part du cinéaste.

Pour les intellectuels, artistes et étudiants progressistes qui, comme Godard, s'étaient mobilisés sous le mot d'ordre « FLN vaincra », les victoires des fronts de libération vietnamien, cambodgien et laotien devaient conduire à la naissance de régimes progressistes. Quarante ans après, ces régimes sont des dictatures qui, comme en Chine, conjuguent despotisme du parti unique et développement économique selon des modalités qui n'ont rien à envier aux pires formes de capitalisme. Entre-temps les tragédies ont été nombreuses. Celle des *Boat people* a trouvé un certain écho mais l'Occident a été totalement impuissant face au massacre de leur peuple par les Khmers rouges de 75 à 78. « Comment aurions-nous pu savoir? » a-t-on dit puisque le pays fut durant cette période hermétiquement fermé à toute présence étrangère. Mais il était tellement inimaginable que ces « glorieuses révolutions anti-impérialistes » débouchent sur autre chose qu'un avenir radieux[23]... Alors que la filmographie du cinéaste regorge de rappels du conflit israélo-palestinien, comment ne pas déplorer que le devenir du Sud Est asiatique ait totalement disparu de l'écran godardien le jour même où les Américains s'en sont retirés.

*

Godard et sa compagne ont ultérieurement pris leurs distances par rapport à cette période d'aveuglement politique. Dans *Ici et ailleurs (1974)* Godard autocritique son implication dans la machine propagandiste du Fatah. Dans *Pas-*

23 Par ailleurs les derniers Occidentaux présents dans le pays avaient rapporté avec quelle inhumanité les Khmers rouges avaient vidé Phnom Penh de ses habitants dès leur entrée dans la capitale.

sion (1982) il brosse un tableau sensible de jeunes ouvrières à cent lieues de l'ouvriérisme des années Vertov. Dans *Histoire(s) du cinéma* sa vision du XXème siècle n'a plus rien à voir avec le messianisme révolutionnaire. Mais le cinéaste n'a jamais véritablement effectué un retour critique sur le type de cinéma qu'il a produit pendant plusieurs années.

- 8 -
Guerre des sexes (2ème Partie)

Des militantes pas à la fête

Dans le *Petit Soldat*, premier film de Godard à dimension proprement politique, seul le personnage masculin avait voix au chapitre. Véronica se contentait de séduire. Dix ans plus tard, et bien que Godard soit passé d'une forme de désengagement droitier au maoïsme militant, il n'en va pas beaucoup différemment. Certes, dans le cinéma godardien de ces années-là, on croise de nombreuses femmes militantes. Marc Cérisuélo estime même que désormais la figure de l'opprimé y est occupée par la femme[1]. Pour Jean-Luc Douin également l'attitude de Godard change à l'égard des femmes à partir de mai 68[2]. Ce sont là des affirmations téméraires parce que dans les groupements d'extrême-gauche survoltés, groupe Dziga Vertov compris, la misogynie est alors maximale.

Dans ces années-là, l'hyperpolitique Godard ne saurait se répandre en histoires petites bourgeoises s'attardant sur les rapports hommes/femmes. Ce n'est que lorsque l'impact du féminisme ne pourra plus être ignoré que reviendra sur

1 Marc Cérisuelo, *op. cit.* , p. 144.

2 Jean-Luc Douin, *op, cit.* , p.162.

l'écran godardien des personnages féminins significatifs... dont on montrera qu'ils fourniront à Godard une nouvelle occasion d'exposer comment le féminin est programmé pour faire le malheur du masculin... Pour l'heure, évoquant les films Dziga Vertov, Alain Bergala relève « une étrange ressemblance entre (les) jeunes femmes que Godard a choisi de soumettre à la torture de la critique marxiste, une même nonchalance bourgeoise, le même type de visages tristes-doux, la même allure un peu endormie, rêveuse et boudeuse[3]. »

On pense d'abord à Anne Wiazemsky qui va accompagner Godard ces années-là tout en ne partageant guère son engouement pour le marxisme léninisme ni pour les nouveaux amis de son mari. Immortalisée en tant qu'interprète de *La Chinoise*, elle disparaîtra progressivement de l'écran godardien jusqu'à ne plus faire qu'une brève apparition dans *Tout va bien.* On pense à Juliet Berto qui est l'actrice la mieux traitée dans cette période. Elle interprète la « bonne » chez les jeunes bourgeois révolutionnaires dans *La Chinoise*, puis Patricia Lumumba dans le *Gai savoir* ainsi qu'une révolutionnaire casquée pour le combat de rue, vivant en communauté et haranguant des détenus dans *Vladimir et Rosa.* On pense enfin à Cristiana Tullio-Atlan, une actrice italienne campée en bourgeoise dans *Vent d'Est* puis en militante sommée de surmonter son conditionnement bourgeois dans *Luttes en Italie*. C'est à propos de ce dernier film qu'Alain Bergala décrit «le dispositif de base auquel Godard prend visiblement plaisir à soumettre les corps d'actrices de ladite époque : une attaque frontale, un cadre carcéral et le dos au mur, le tout surplombé par une voix-off sans localisation dans l'image, donc sans riposte possible.»

3 Alain Bergala, Note sur Luttes en Italie, *Cahiers du Cinéma, Spécial Godard*, 1991, p. 121

Bergala conclut : « La répétition de ce dispositif où le corps de l'actrice est pris en tenaille, finit par créer un sentiment d'oppression - celle de l'actrice par le cinéma lui-même - dont on ne peut s'empêcher de penser, même si la voix-off a beau nous dire qu'il s'agit d'une métaphore de son aliénation bourgeoise, qu'elle ne va pas, de la part du cinéaste militant, sans une pointe de sadisme (…)[4]. »

Se transformer personnellement (Luttes en Italie-1971)

Le film est tourné presque intégralement à Paris. Le film n'a d'italien que l'actrice et le fait qu'il est tourné dans la langue de Dante. Les avis convergent pour considérer cet opus comme le plus dogmatique de la production Dziga Vertov. Pour Antoine de Baecque, « (…) c'est le film dans lequel le duo (Godard/Gorin) va le plus loin dans ce qu'il est possible d'enlever à l'écran du film classique et d'y insérer de grammaire révolutionnaire[5]. » Cette fois, pour de Baecque, ce n'est pas un compliment. Celui-ci estime qu'il s'agit là du film « le plus indécrottablement tristounet du cinéma godardien[6]. » Pour ma part je pense plutôt que ce film recèle un certain potentiel comique involontaire.

Au tout début du film, Paola Taviani (Cristiana Tullio-Atlan) se déclare militante marxiste. Mal lui en prend. Car en matière de militantisme comme de marxisme elle a tout faux. Le film n'est qu'une longue exposition de ses manquements. Donne-t-elle un cours du soir à un ouvrier ? La voix off de son commissaire politique, évidemment masculine, « surplombante » et « sans riposte possible », lui dit qu'elle ne répond pas aux questions légitimes de son

4 *Ibid.*

5 Antoine de Baecque, *op. cit.* p. 465

6 *Ibid,* p. 476.

étudiant. Se fait-elle engueuler par son père qui lui reproche de vivre aux crochets de sa famille ? Elle se tait alors qu'il lui faudrait riposter à cette agression d'un « appareil idéologique d'Etat ». Fait-elle l'amour l'après-midi ? Elle devrait « cesser de penser la sexualité en soi ». Elle se rendrait compte qu'elle est une privilégiée car un ouvrier ne peut jamais faire l'amour l'après-midi, soit qu'il travaille le jour, soit qu'il travaille la nuit et est trop fatigué le jour. Va-t-elle en usine pour y partager la condition ouvrière ? Elle ne travaille pas assez vite et ses camarades lui demandent de penser à leur prime. La voix lui assène : « Ne pense pas qu'à toi ». Elle pensait s'intégrer au monde ouvrier pour y mener un travail révolutionnaire mais la voix lui signifie : « Tu t'éloignes des masses quand tu penses t'en rapprocher ». L'étape ultime dans le grotesque est atteint lorsque Paola fait état de ses progrès pour bâtir un couple révolutionnaire sachant qu'à tout moment « la bourgeoisie nous attend. Elle nous tolère quand nous sommes deux » mais « avec un enfant elle nous tolère encore plus, car nous formons alors une famille et de ce fait même on réintègre la bourgeoisie. » C'est pourquoi : « Quand je dis « je t'aime », je dois aussi faire une analyse concrète pour transformer notre situation concrète. »

De Baecque conclut : « si une déclaration d'amour devient une activité militante, la révolution est à désespérer[7]. » Mais tel n'était pas l'avis de Godard et Gorin qui pensaient le plus sérieusement du monde contribuer à l'élévation du niveau de conscience des militants révolutionnaires. Et même aujourd'hui le film trouve des défenseurs. Selon Colin MacCabe, « Le film est de loin le travail le plus politique et le plus cohérent théoriquement du groupe Dziga Vertov, pour partie parce qu'il est presqu'entièrement basé sur ce

7 *Ibid*, p. 466.

que Mai 68 a inspiré à Althusser dans son essai « Idéologie et appareils idéologiques d'Etat ». Althusser vint avec sa femme voir le film dans le studio de la rue de Rennes et, selon Gorin, pleura[8]. »

Reconnaissons au moins à Godard-Gorin le mérite (involontaire) d'avoir assez bien rendu compte de ce qui pouvait faire l'ordinaire des discussions entre militants quand venaient à y être traités, en groupe ou au sein des couples, « les problèmes personnels ».

Un film gaucho - « bourgeois » : Tout va bien (1972)

Deux slogans godardiens emblématiques de la période Dziga Vertov sont devenus fameux : « Ne pas faire des films politiques mais faire politiquement des films » et « Ce n'est pas une image juste, c'est juste une image[9]. » Pourtant lorsque, courant 1971, Godard et Gorin se voient offrir par le producteur Jean-Pierre Rassam l'opportunité de faire un retour dans les circuits de la grande distribution, ces belles formules sont rapidement oubliées. Le film *Tout va bien* renoue avec les ressorts de l'identification les plus traditionnels. Les cinéastes font appel aux « vedettes » Yves Montand et Jane Fonda. Et ils vont s'autoriser un traitement des situations par l'image qui n'a rien à envier aux manipulations qu'ils dénonçaient dans les films jugés par eux réactionnaires ou révisionnistes.

Tout va bien campe deux intellectuels de gauche amenés à s'interroger sur leur place dans la société et sur leur relation de couple. Elle et lui travaillent dans les média : elle est la correspondante en France d'une radio améri-

8 MacCabe, *op. cit.*, p. 229.

9 Marc Cerisuelo a souligné à juste titre l'importance de la figure rhétorique de la réversion dans l'écriture godardienne.

caine, lui réalise des spots publicitaires. Pris dans la tourmente d'un conflit ouvrier et séquestrés avec le patron dans l'usine occupée par les grévistes, ils sont amenés à prendre conscience de l' « ignominie patronale » (Vittorio Caprioli fait un numéro caricatural mais désopilant dans le rôle du patron séquestré), des « trahisons » des délégués syndicaux et de la « détermination » des ouvriers quand ils sont dirigés par d'authentiques leaders, ceux que la presse et les « révisionnistes » désignent comme les « gauchistes ».

Susan Dewitt (Jane Fonda) puise dans cette expérience une détermination nouvelle. Elle envoie paître sa rédaction étatsunienne qui ne comprend évidemment rien à la radicalisation de la classe ouvrière française et elle remet en cause son couple, ne se satisfaisant plus du rituel « un ciné + une bouffe + une baise ». Son compagnon naturellement réagit très mal mais elle et lui apprennent peu à peu « à penser leur couple historiquement ».

Ainsi résumé *Tout va bien* ne manque pas d'apparaître comme un tract soixante-huitard sophistiqué. Mais certains aspects de *Tout va bien*, en particulier le personnage de Montand, intellectuel de gauche taraudé par des sentiments de culpabilité, sonne juste. Si une certaine critique de gauche fut tiède à l'égard de *Tout va bien*, c'est aussi peut-être parce qu'il déplut à cette critique qu'on lui tende ce miroir. En tout état de cause l'effort de Godard et Gorin pour sortir de l'entre-soi et reprendre pied dans le débat social méritait d'être salué. Somme toute, depuis 68, le fond de l'air à gauche était dominé par les idées gauchistes. Mettre celles-ci en images pour toucher le grand public était légitime. Mais…

Antoine de Baecque rapporte les violents désaccords qui opposèrent les cinéastes à leurs « vedettes ». Les cinéastes entendaient casser leur image. Ils durent rapidement mettre de l'eau dans leur vin. Montand, l'ancien ouvrier devenu acteur, refusa de se laisser maltraiter par Godard et Gorin qu'il jugeait être des fils de famille donneurs de leçons révolutionnaires. Au final, les vedettes restèrent les vedettes avec de vrais dialogues et une vraie histoire auxquels les spectateurs peuvent s'identifier. Les ouvriers n'eurent pas cet honneur. Les réalisateurs entendirent continuer à déjouer les pièges de la « représentation bourgeoise » en traitant la grève ouvrière et ses protagonistes avec une distance toute brechtienne. Fut créé un décor conçu comme « un véritable écorché d'usine, où toutes les salles, les pièces, les bureaux, les escaliers sont construits en transparence, comme une maison de poupée[10]. » Dans ces petites cases, les ouvriers vocifèrent en masse compacte. Par ailleurs l'usine occupée est une usine de charcuterie. Les blouses blanches ensanglantées des ouvriers accentuent le côté prolétaires en colère prêts à pendre leurs exploiteurs à des crocs de boucher. Ce choix renvoie l'image d'une classe ouvrière fruste et dans une proximité dégradante avec les animaux. Le collectif ouvrier est une sorte de masse indifférenciée dans lequel ne surnagent que des personnages stéréotypés. Au final le dispositif de représentation des ouvriers conjugue artificialité et stigmatisation. Seuls Montand et Fonda ont véritablement droit à l'individualisation.

Daniel Serceau a bien mis en lumière comment dans *Tout va bien* les cinéastes manipulent les moyens du cinéma pour valoriser le discours des uns et discréditer celui des autres. Quand Godard et Gorin filment l'interview d'un groupe de travailleurs délégués CGT et celui d'un groupe de travailleurs « gauchistes », le traitement diffère énormément. Alors que les délégués CGT sont filmés avec derrière eux un mur de briques rouges où apparaît un poster de « bi-

10 Antoine de Baecque, *op. cit.*, p. 503.

doche », les gauchistes ont droit à un décor de couleurs moins agressives avec une fenêtre qui ouvre sur l'extérieur. Les premiers, filmés dans un cadre fixe, font l'objet d'un long plan unique pendant lequel ne prend la parole que le « chef ». Son discours à caractère économique est rébarbatif. Les délégués CGT n'ont pas un physique avantageux. L'un, moustache et casquette pied de poule, est même franchement ridicule. A l'inverse s'agissant des leaders gauchistes, le cadre est variable. Ils font l'objet de différents plans. Deux militants interviennent, un beau mâle brun viril et un mignon blond bouclé, auxquels s'ajoute une voix *off*[11].

La scène finale du pillage d'une grande surface constitue, elle aussi, un bel exemple de manipulation. Les cinéastes procèdent d'abord à un long travelling de gauche à droite qui balaie les caisses et les allées. Passées les premières caisses, ne s'y présentent plus que des hommes seuls au point qu'on se demande si ce n'est pas l'ensemble des résidents d'un foyer de travailleurs immigrés qui a été sollicité pour faire de la figuration. A l'évidence une telle proportion d'hommes seuls faisant leurs courses ne correspond guère à la sociologie de la clientèle des grandes surfaces. Godard et Gorin manipulent le spectateur en accentuant l'impression de tristesse et de solitude que sont censés dégager ces temples de la consommation. Susan Dewitt qui est là pour réaliser une « vraie » enquête de terrain maintenant qu'elle a rompu avec ses employeurs américains, note : « C'est l'usine en dehors de l'usine. » Puis survient un groupe de jeunes gauchistes emmené par Anne Wiazemsky qui viennent piller le magasin comme le fut ces années-là le magasin de luxe Fauchon par des militants de la Gauche Prolétarienne. Soudainement la clientèle apparaît

11 Daniel Serceau, « L'anti flash-back », *CinémAction,* n°109, 2003, p. 113-118.

beaucoup plus féminine. C'est alors une joyeuse colonne de consommateurs des deux sexes qui s'ébranle sans payer vers la sortie…

Sus à la féministe américaine

Godard et Gorin mirent beaucoup de temps à prendre en considération la revendication féministe. Dans *Vladimir et Rosa*, l'incompréhension des cinéastes reste palpable. Anne Wiazemsky, militante féministe, est filmée en train de réaliser des affiches en sérigraphie. Survient son compagnon (Yves Afonso). Elle attire son attention sur un texte dont l'auteure est une femme révolutionnaire sud-africaine. Yves Afonso campe un militant plein de bonne volonté, désireux de s'associer sincèrement à la lutte des femmes. Il lit le texte et manifeste bruyamment qu'il en soutient le contenu. Il n'obtient en retour que la colère de sa compagne qui lui hurle qu'il n'y comprend rien. Les réalisateurs ont beau nous expliquer que la colère de celle-ci est parfaitement justifiée parce qu'il en va complètement différemment selon qu'un texte est lu par une femme ou par un homme, on se doute bien qu'ils n'accordent qu'un crédit limité à cette thèse féministe caricaturale.

Dans *Tout va bien*, Yves Montand et Jane Fonda s'efforcent de redéfinir leur relation dans le contexte des bouleversements sociétaux induits par Mai 68. Dès la première scène, les cinéastes nous signifient combien l'eau a coulé sous les ponts depuis *Le Mépris* et pas forcément pour le mieux au chapitre de l'amour. Le couple y rejoue la fameuse scène d'ouverture entre Javal et Camille dite du « blason » (« Et mes jambes, tu les aimes mes jambes ? Et mes cuisses, tu les aimes mes cuisses ? Et mes fesses, tu les aimes mes fesses ?... »). Sauf qu'ici toute sensualité a disparu. L'échange a lieu lors d'une promenade du couple dans la lumière blafarde d'un froid jour d'hiver. L'homme et la femme désormais à égalité évoquent crûment leur sexualité. Quand il lui dit « j'aime ton cul », elle lui répond « j'aime tes couilles ». C'est la seule scène d'amour du film. Tous les autres moments où le couple se retrouve, sont des moments où la femme fait la leçon à son compagnon. Une brève image cocasse résume l'état de leurs relations : elle et lui tirant avec colère de chaque côté d'une porte. A ce moment-là Fonda lance à Montand qu'il est un exécrable chauviniste mâle.

Il n'est évidemment pas innocent que la féministe ici soit américaine. Dans *L'ennemi américain, généalogie de l'antiaméricanisme français*, Philippe Roger montre combien l'image donnée historiquement en France de la femme américaine a été une composante importante de l'antiaméricanisme. En 1893 un certain Charles Crosnier de Varigny publie *La Femme en Amérique*. Il est le premier d'une longue lignée d'auteurs et de journalistes qui accumuleront les stéréotypes. Pour la seule période allant des années 1880 aux années 1920, Philippe Roger recense Urbain Gohier, Jules Huret, Emile Barbier, André Tardieu, André Maurois, George Duhamel, Paul de Rousiers, Zénaïde Fleuriot, Raoul Gain et Marie Dugard pour qui il ne fait aucun doute que « l'Amérique du Nord est une gynocratie. Cette affirmation a valeur de dogme ou de postulat en France dès les années 1890. (…). Entre fascination, effroi et réprobation, le même *topos* est inlassablement répété : la femme américaine règne sur le pays comme elle gouverne son *home*[12]. » « Ces descriptions, qu'elles soient indignées ou résignées, ne sont d'ailleurs pas incompatibles avec l'aveu d'une « amélioration » de la condition féminine. Jules Huret dans son *En*

12 Philippe Roger, *op. cit.*, p. 248.

Amérique paru en 1905, admet du bout des lèvres qu' « il sort de cet état (nouveau des rapports entre les sexes) une élévation générale de la femme [13]». Toutefois un tel aveu est rare. Lorsque la presse évoque le mouvement féministe, c'est généralement sur le ton de la dérision et de la détestation. En 1887 *Le Correspondant* évoque le développement sur le sol américain du « mouvement gynocratique » en ces termes : « C'est là que délibère son état-major et que s'organisent ses colonnes d'attaque contre la tyrannie masculine[14]. »

Godard fera dire à Michel Poiccard dans *A Bout de Souffle* : « En Amérique la femme domine l'homme. »

Dans *Tout va bien* Susan Dewitt est devenue pour ses patrons une spécialiste du gauchisme. Autrement dit, elle est chargée de rédiger des papiers à forte composante exotique pour le public étatsunien, ce qu'elle vit de plus en plus mal. Ses yeux se sont progressivement ouverts. Elle prend de plus en plus au sérieux ce qui se passe en France, spécialement les luttes ouvrières. Sa séquestration achève de la conscientiser. Elle démissionne pour pouvoir réaliser des enquêtes de façon indépendante. Le message est clair : on ne peut pas se dire de gauche et rester en poste dans les média US. Entre la France et les Etats-Unis il faut choisir. Godard rejoue à travers son personnage féminin le parcours qui l'a amené à se dissocier totalement de l'Amérique et de sa contre-culture. Pour Godard et Gorin le féminisme n'a de sens que s'il s'articule avec une approche en termes de lutte de classe, laquelle, comme chacun sait, fait tragiquement défaut aux Etats-Unis. Susan Dewitt doit donc rompre avec les Etats-Unis si elle veut vraiment être progressiste.

---

13 *Ibid*, p. 257.

14 *Ibid*, p. 247.

Sur le plateau de *Tout va bien* les relations entre Godard et Fonda seront mauvaises. Fonda dira : « Pour être révolutionnaire, il faut être humain, il faut se préoccuper des gens qui n'ont pas de pouvoir. Godard a du mépris pour les gens, du mépris pour les figurants comme pour les vedettes. Je préférerais travailler avec quelqu'un de très différent de moi idéologiquement s'il est humain et attentionné envers son équipe[15]. » Le mépris de Godard et Gorin pour Fonda est profond. Ils récusent l'idée que la star qu'elle est, puisse être vraiment de gauche. La gauche américaine qu'elle représente, celle du mouvement anti-guerre, de la contestation et du féminisme ne saurait représenter une alternative à leur vision de ce que doit être l'engagement révolutionnaire. Leur détestation de ce que représente Fonda, conduira les deux cinéastes à se montrer particulièrement inélégants à son égard. Quelques mois après *Tout va bien* ils iront jusqu'à réaliser un film entier destiné à la discréditer.

Une lettre pour faire mal : Letter to Jane *-1972*

Ce film est la dernière production du couple Godard/Gorin. Parler ici de film est un grand mot puisque cet opus se limite pour l'essentiel au très long commentaire d'une seule photo : une photo de Jane Fonda s'entretenant avec un soldat prise lors du voyage que l'actrice effectua en 1972 au Nord-Vietnam.

En répondant à une invitation du gouvernement de Hanoï, l'actrice avait fait preuve d'une grande audace. Pour le gouvernement américain et la fraction de la population américaine qui soutenaient l'effort de guerre, une telle démarche était un coup de poignard dans le dos des *Boys*.

---

15 Gilles Grenard, *Jane Fonda,* ed. PAC, 1979, p. 192. Cité par Antoine de Baecque, p. 505.

Jane Fonda se rendait coupable de trahison. C'est dans ce contexte que les deux cinéastes trouvèrent judicieux de s'en prendre à l'artiste.

Que lui reproche-t-il ? En substance d'être une star et d'agir en star. C'est un peu facile puisqu'ils ont eux-mêmes voulu la star Fonda dans leur film. Mais *Tout va bien* a reçu un accueil critique plutôt tiède et le film n'a pas été un succès. Au fond Godard et Gorin se sont compromis pour un résultat très en-dessous de leurs attentes. La tentation est grande pour le duo de faire payer cet échec aux « vedettes ». Pourquoi Fonda plutôt que Montand ? Montand a vertement fait comprendre à Godard pendant le tournage qu'il n'était pas disposé à se faire marcher sur les pieds. Fonda est une femme et, en plus, elle est américaine.

Au début de *Letter to Jane* le duo tente de prévenir la critique féministe. « (…) en tant que femme tu seras certainement, un peu ou beaucoup blessée, par le fait que nous allons, un peu ou beaucoup, critiquer ta façon de jouer dans cette photo. Blessée parce que c'est encore toujours les mecs qui se débrouillent pour attaquer les filles[16]. » Godard et Gorin prétendent que l'actrice ne doit pas se sentir « attaquée personnellement ». « (…) on vise non pas Jane mais une fonction de Jane Fonda, en interrogeant cette photo, on parlera de toi à la troisième personne[17]. » Le film s'achève par ces mots : « On espère qu'on aura le temps de se voir aux USA, et de discuter un peu de tout ça avec le spectateur. De toute façon, bon courage[18]. » Evidemment Fonda ne manifestera aucune envie de participer à la poursuite de

16 Jean-Luc Godard, *Des années Mao aux années 80*, Collection Champs Flammarion, 1991, p. 94.

17 *Ibid*, p. 97.

18 *Ibid*, p. 115.

son lynchage médiatique devant des assemblées d'étudiants maoïsants…

Selon Godard et Gorin, la photo publiée par *L'Express* se révèle à l'analyse un condensé de ce qui doit être reproché au système dans lequel la star s'inscrit et à la star elle-même. Il s'agit d'un gros plan sur l'actrice vue de face pendant qu'elle s'entretient avec un soldat nord-vietnamien vu de dos. Un autre Vietnamien apparaît, cette fois de face, mais seulement à l'arrière-plan. Les cinéastes exercent leur verve critique. « Sur la photo, c'est l'Américaine célèbre qui est nette, et le Vietnamien anonyme qui est flou. Dans la réalité, c'est la gauche américaine qui est floue, et la gauche vietnamienne extraordinairement nette[19]. » « Le Vietnamien peut se permettre d'être flou parce qu'il est net depuis longtemps dans la réalité. L'Américain (*sic*) est obligé d'être net (et c'est le flou vietnamien qui l'y oblige d'une manière très nette). L'Américain (*sic*) est obligé de faire nettement le point sur son flou réel[20]. » Le texte abonde ainsi en jeux sur les mots comme sait si bien le faire Godard. Autre exemple : Fonda arbore « un maquillage de star mis à nu par son démaquillage même [21]». Mais ces formules sont-elles le support d'une véritable réflexion ?

A la vérité Godard et Gorin sont gênés aux entournures. Ce sont les officiels nord-vietnamiens qui ont choisi ce cliché pour diffusion autour du globe. Godard et Gorin n'osent pas dire franchement que les ennemis de l'impérialisme ont tort de jouer eux aussi la carte du star-system. Les Nord-Vietnamiens ont-ils raison d'instrumentaliser la sympathie dont jouit l'artiste compte tenu de la sympathie

19 *Ibid*, p. 101.

20 *Ibid*, p. 102.

21 *Ibid*, p. 108.

que l'artiste témoigne à leur égard ? Oui, concèdent les cinéastes. Cela sert leurs intérêts politico-diplomatiques.

Dès lors l'exercice de style des deux cinéastes tourne à vide. Réfléchir réellement sur une telle photo, ce serait s'interroger sur les ressorts de la propagande. N'y a-t-il pas un grand risque pour une artiste à se laisser ainsi instrumentaliser ? Quelle est la légitimité des artistes à mettre ainsi leur notoriété au service de telle ou telle cause ? Est-il normal qu'un(e) artiste internationalement connu(e) puisse désormais peser sur l'issue d'un conflit d'un poids plus important que des intellectuels ou des chercheurs parfaitement au fait des problèmes ? Mais tel n'est pas le type de questions qui préoccupe les cinéastes. Godard et Gorin ne s'opposent pas à la propagande, ils veulent seulement discréditer l'engagement de Fonda.

La focale se resserre donc sur Fonda elle-même. Le duo relève que « l'expression du visage de la militante sur cette photo est (…) une expression de tragédienne. Mais une tragédienne socialement et techniquement formée par ses origines, c'est-à-dire formée/déformée à l'école hollywoodienne du show-biz stanislavskien[22]. » Son expression est, selon les cinéastes, un tic hollywoodien qu'on trouve à l'identique dans les différents films où apparaît la star ainsi que chez son père Henry Fonda ou chez John Wayne quand il s'agit de se donner l'air de compatir à la souffrance. Rien n'assure que l'actrice pense au Vietnam quand elle arbore cette expression. Son expression de détresse pourrait tout aussi bien être celui d'« une hippie manquant de drogue,(…), d'une amoureuse plaquée par son mec ou d'une militante au Vietnam[23]. » D'ailleurs « il faut bien voir qu'une vedette ne peut pas penser, car c'est une

22 *Ibid*, p. 103.

23 *Ibid*, p. 107.

fonction sociale : elle est pensée et elle fait penser (…)[24]. » Pour finir, « Derrière la figuration de cette vedette figure encore l'ignoble et redoutable machine capitaliste, remplie d'une expression cyniquement humble et de confusion dans la clarté[25]. » L'image de Fonda est alors directement accolée à une image de Nixon, dans laquelle celui-ci arbore une pose voisine de celle de l'actrice. Fonda prétend être contre le système. Elle n'en est qu'une émanation.

Antoine de Baecque convient que *Letter to Jane* est un « rituel d'humiliation ». Mais il se montre bien indulgent sur le fond. « C'est un film pédagogique, politique, impitoyable, et une mise à plat de l'image[26]. » D'autres commentateurs sont encore plus élogieux. Pour Thierry Jousse : « Godard-et-Gorin recadre, prélève des détails, les associe tentant de faire rendre gorge à cette image de la star qui reste star, jusqu'au Vietnam. Forcément politique, *Letter to Jane* reste un beau film par sa puissance réflexive et par la résistance ultime de l'image. Le texte du film, très brillant, a été publié à l'époque dans *Tel quel* et repris dans *Godard par Godard*[27]. »

De tous les films Dziga Vertov, *Letter to Jane* est celui qui recueille le plus souvent le qualificatif « brillant ». Même Richard Brody pourtant très critique à l'égard de cette période (il juge *Luttes en Italie* « débilitant ») est ici élogieux. « (L') analyse insistante, incantatoire, d'une image politique centrée sur Fonda apparaissant comme la star, au lieu de laisser ses interlocuteurs nord-vietnamiens

---

24 *Ibid*, p. 108.

25 *Ibid*, p. 109.

26 Antoine de Baecque, *op. cit.*, p. 508.

27 Thierry Jousse, Note sur Letter to Jane, *Cahiers du cinéma, spécial Jean- Luc Godard, trente ans déjà,* 1991, p. 122.

tenir le premier rôle, et en comparant son image à d'autres, y compris celle de Richard Nixon, est un travail de sémiologie journalistique brillant et édifiant. Au sens littéral, le film est documentaire dans son interrogation impitoyable de la psychologie politique implicitement contenue dans une seule image[28]. »

Pourtant que valent quelques formules bien tournées au regard de ce que cet exercice de style trahit sur le fond : un sentiment haineux qui, par-delà la vedette, vise la femme et l'américaine ? Compte tenu des engagements de Godard et Gorin, l'action de l'actrice contre la guerre était certainement le sujet sur lequel les cinéastes auraient dû se faire un devoir d'épargner Fonda. Qu'ils aient choisi cet aspect-là de son engagement pour régler leurs comptes avec elle est révélateur de leur sectarisme.

Godard lui-même avait souhaité se rendre au Nord-Vietnam. A quel titre sinon celui d'artiste internationalement reconnu ? Les autorités vietnamiennes n'avaient pas répondu favorablement à sa demande. Faut-il voir dans la violence de l'attaque la marque du dépit [29]?

Quant à la puissance réflexive de cc travail, il peut être sérieusement questionné. Le visage de l'actrice américaine, selon Godard et Gorin, ne renvoie à rien. En revanche, aucun doute, même flou, le visage du Vietnamien situé à l'arrière-plan « renvoie à ce à quoi (cet homme) fait face chaque jour (...). Un long passé de luttes est inscrit cruellement depuis longtemps sur ce visage par l'impérialisme français, japonais et américain. » « Devant ce visage vietnamien, aucune légende n'est nécessaire : partout dans le monde, on dira : « C'est un Vietnamien, et les Vietnamiens se battent

28 Richard Brody, *op. cit.*, p. 436.

29 Antoine de Baecque, *op. cit.*, p. 407.

pour foutre les Américains en dehors de l'Asie »[30]. » Tout à leur discours de propagande, les cinéastes ne paraissent pas pouvoir imaginer qu'un tel visage meurtri pourrait tout aussi bien être celui d'un Vietnamien ayant subi la répression violente qu'exercent les communistes sur leurs compatriotes quand ceux-ci s'opposent à leur politique.

30 Jean-Luc Godard, *Des années Mao aux années 80,* p. 106, 107.

-9-
Sus aux média

En juin 1971 Godard est victime d'un très grave accident de moto. Il reste plusieurs jours entre la vie et la mort. Il est hospitalisé pendant six mois. La rééducation est particulièrement douloureuse. « Ça a été ma guerre civile à moi, ma prison. D'autres ont fait le Vietnam, moi j'ai fait l'hôpital. Je pense que j'avais envie, d'une manière ou d'une autre, comme certains ont envie de la prison, envie d'arrêter, de souffler un peu sans me mettre la main au collet. J'avais envie de la maladie[1]. »

Interrogé bien après sa période Dziga Vertov par Colin MacCabe sur la façon dont il percevait désormais ses années militantes, Godard eut le geste de celui qui se shoote à l'héroïne[2]. Il lui a fallu se désintoxiquer. Cela a pris du temps : une dizaine d'années si l'on considère que son retour dans les circuits du cinéma a constitué l'aboutissement de cette période.

Fin 1973 Godard quitte Paris. Avec sa nouvelle compagne, Anne-Marie Miéville, il s'installe quelque temps à Grenoble puis définitivement à Rolle, petite bourgade

1 Antoine de Baecque, *op. cit.* , p. 516.

2 Colin MacCabe, *op. cit.* , p. 280.

suisse sur les bords du lac Léman non loin des lieux de son enfance. A l'écart de l'agitation parisienne commence alors un temps de reconstruction personnelle. Comme pour beaucoup de militants ayant expérimenté une dissolution du moi dans un collectif vécu initialement comme salvateur puis peu à peu infiniment castrateur, reconstruire un espace de vie propre, rebâtir des relations personnelles, retrouver les joies, les occupations, les goûts progressivement abandonnés au motif que tout cela appartenait au monde de la bourgeoisie, fut pour Godard une entreprise de longue haleine.

Certains militants, parmi ceux qui ne disparaîtront pas dans les brumes du désespoir, relanceront purement et simplement leur machine désirante dans un nouveau combat politique. Ceux-là investiront un parti possédant des élus ou un titre de presse. D'autres s'investiront dans une association, une entreprise ou une profession. L'essentiel est alors de se défaire du mirage révolutionnaire sans avoir le sentiment de se trahir. Pour Godard il s'agit de retrouver le goût de faire du cinéma à la première personne. Mais il ne peut être question simplement de reprendre cette activité là où il l'avait laissée à la fin des années soixante. Le chemin qui va le conduire à retrouver les feux du cinéma, va prendre un détour, celui de la vidéo dont il sera un des pionniers.

Vidéo et télévision

Dans les années soixante-dix Godard entend à nouveau repartir de zéro. Il se veut témoin. Mais ce retour au réel, quoique débarrassé du fatras des discours militants, n'en cache pas moins la poursuite d'un combat idéologique proche, sur le fond, des convictions d'hier. L'envie de foutre le feu qui parcourait *Week End*, s'est éteinte mais le rejet de la société s'est mué en une sorte de rage froide.

Dans sa ligne de mire, les média. Si les gens sont aliénés, ce sont eux les coupables. Le couple Godard/Miéville va faire la leçon aux gens de presse et de télévision.

Dans *Comment ça va (1976)*, c'est la presse qui en prend pour son grade. La cible choisie est facile. Il s'agit d'un responsable/bureaucrate de la presse du parti communiste. Mais par-delà le cas de ce journaliste communiste, c'est toute la profession qui est visée. Résonne à trois reprises dans le film l'insulte « Ordure de journaliste » ! Pourtant, l'espoir est permis. Face aux objurgations d'Odette (Anne-Marie-Miéville), une journaliste « CFDT gauchiste » qui remet en cause la façon stéréotypée par laquelle le cadre communiste commente des photos de reportage, qu'elles proviennent du Portugal alors en pleine révolution ou qu'elles soient relatives à une grève ouvrière, le bureaucrate de presse commence à s'interroger. Il finit par acquiescer, oui, le vrai travail consisterait à analyser ce qu'expriment vraiment ces photos. Il sera bien sûr sèchement désavoué par la direction du parti.[3]

Godard se tourne parallèlement vers la télévision pour laquelle il va réaliser deux séries. La première, *Six fois deux, sur et sous la communication* (1976) obtiendra même la faveur du *prime time*. Godard et Miéville y interviewent un paysan, un mathématicien, des chômeurs, un horloger cinéaste, une prostituée et d'autres échantillons de l'humanité commune. Godard semble penser qu'en donnant longuement la parole à des individus lambda soumis à des questions décalées, il va susciter un *big bang* télévisuel. Le résultat le plus notable sera que la presse de télévision se

3 Les images de presse et la façon dont elles sont habituellement utilisées et légendées, offraient assurément aux cinéastes matière à réflexion. Hélas, le propos développé par le couple Godard/Miéville à partir des deux photos analysées dans le film est remarquablement obscur.

déchaînera dès la diffusion du premier épisode accusant le service public de gaspiller l'argent des contribuables. La critique de gauche sera favorable mais les épisodes seront très peu regardés. Dans la deuxième série, *France tour détour deux enfants* (1979), Godard questionnera avec insistance un petit garçon et une petite fille. Ce qui se voudrait un exercice de maïeutique, tournera vite à l'imposition des vues de l'adulte sur des enfants piégés par un questionnement déroutant. Arnaud et Camille ne comprennent visiblement pas ce que leur veut un certain Robert Linard, ami de leurs parents, en l'occurrence Godard lui-même, qui les bombarde de questions pseudo philosophiques (« Ton image dans le miroir, c'est toi ou quelqu'un d'autre ? », « Tu te déplaces dans le temps ou dans l'espace ? », « Qu'est-ce qu'on a inventé en premier, les chiffres ou les lettres ? ») auxquelles les enfants finissent par répondre, terriblement ennuyés, par « je sais pas » ou « ça dépend ». *France tour détour deux enfants* ne sera diffusé qu'en 1982, soit deux ans après sa réalisation et à une heure tardive. Après ces deux tentatives, la télévision, devient pour Godard le mal absolu en matière de communication.

Les échecs de *Six fois deux* et de *France tour détour deux enfants* étaient pour le moins prévisibles. Il était manifestement naïf de la part du cinéaste d'espérer imposer sur le petit écran à une heure de grande écoute un mode télévisuel délibérément opposé à toute scénarisation de l'information.

Le Monde, *Libération*, *Le Nouvel Observateur* consacrèrent une grande surface rédactionnelle à ces deux séries. Dès lors que la presse de télévision criait au scandale, prendre la défense de Godard s'apparentait pour la presse de gauche à un exercice imposé. Gilles Deleuze a accordé à *Six fois deux* une place de choix dans sa réflexion théorique sur le cinéma[4]. Mais Richard Brody et Antoine de Baecque ne consacrent que quelques paragraphes à ces longues heures d'émissions. Pour MacCabe « le visionnage (de *Six fois deux*) est extrêmement ardu[5]. » Michel Polac, homme de télévision s'il en fût, et plutôt bien disposé à l'égard de Godard, a eu la dent particulièrement dure sur les « émissions sur l'information qualifiées de géniales alors que le plus souvent elles étaient d'une très grande platitude. Il donnait des leçons à des gens de télévision en mélangeant quelques vérités bien senties à des banalités qui n'avaient rien à voir avec le métier[6]. »

La vérité est que les épisodes de cette production télévisuelle, n'en déplaise aux thuriféraires, sont pour la plupart très ennuyeux. Le propos est le plus souvent soit obscur, soit pauvre et, plus encore, prétentieux. Néanmoins un épisode échappe à ces qualificatifs, celui où le cinéaste interviewe le chercheur mathématicien René Thom. Celui-ci présente sa théorie mathématique des catastrophes. Godard, cette fois, abandonne son ton condescendant. Il cherche vraiment à comprendre. Et le chercheur malicieux s'efforce de répondre le mieux possible à ses questions. L'échange est troublant parce que le langage qu'utilise ce chercheur a quelque chose de quasi-godardien. Sauf que cette fois il ne s'agit pas d'un propos politico-esthétique qui s'efforce

---

4 Gilles Deleuze, *Cinéma 2, L'image-Temps*, Editions de minuit, 1983. Le moins qu'on puisse dire est que Godard n'a pas jugé bon de « renvoyer l'ascenseur » : dans un entretien avec le critique Jean Narboni filmé par Alain Fleischer le cinéaste juge les livres de Deleuze sur le cinéma « très mauvais ». Coffret DVD *Morceaux de conversation avec Jean-Luc Godard*, DVD 1, Editions Montparnasse, 2010.

5 Colin MacCabe, *op. cit.* , p.259.

6 Michel Pollac, propos recueillis par Simone Suchet, « Godard, un « échec » qui restera dans l'histoire du cinéma », *CinémAction*, n°52, 3ème trimestre, 1989, p. 189.

de se donner une caution scientifique mais d'un langage rigoureux où chaque mot utilisé renvoie à un appareillage conceptuel précisément défini.

Dans la production vidéo godardienne de cette époque, on retiendra surtout le long métrage *Numéro Deux (1975)* où des grands parents, des parents et des enfants sont filmés bruts de décoffrage dans leur vie et leurs difficultés de tous les jours dans une cité HLM de Grenoble. *Numéro Deux*, faussement promotionné comme un deuxième *A Bout de Souffle*, relance néanmoins la curiosité du public pour Godard en raison de la place qu'occupe la sexualité dans le film. Ce n'est pas pour autant un succès commercial. La forme à laquelle le cinéaste recourt (plusieurs écrans vidéo occupent l'écran au même moment), déconcerte.

Pourtant le film est fort. Il met en scène sans concession des rapports de couple et les scènes de sexe prennent à contre-pied les évocations stéréotypées qui font florès dans cette période de libéralisation de la censure. La collaboration Anne-Marie Miéville/ Jean-Luc Godard est à son meilleur dans ce film résolument féministe. Très dans l'esprit du temps, le film témoigne aussi de l'intérêt des enfants pour la sexualité[7]. D'une certaine façon il s'agit du seul « Godard » vraiment social. La voix pathétique de Léo Férré y déchire le quotidien étouffant du quartier de la Villeneuve, celui-là

---

7 Il le fait toutefois avec une certaine retenue. Rappelons qu'à cette période d'anti-autoritarisme échevelé, Aragon, Barthes, de Beauvoir, Deleuze, Guattari, Sartre et beaucoup d'autres intellectuels de premier plan vont jusqu'à demander dans une « lettre ouverte » qu'on abroge ou modifie profondément les textes répressifs régissant les rapports sexuels entre majeurs et mineurs « dans le sens d'une reconnaissance du droit de l'enfant et de l'adolescent à entretenir des relations avec des personnes de son choix ». *Lettre ouverte à la Commission de révision du code pénal pour la révision de certains textes régissant les rapports entre adultes et mineurs* 23 mai 1977.

même où le couple Godard-Miéville s'est replié sans enthousiasme avant de rejoindre la Suisse.

Dans les années qui suivront, Godard ne ratera jamais l'occasion de dire du mal de la télévision, cette télévision que, dit-il, on regarde les yeux en bas alors qu'on lève les yeux vers l'écran de cinéma…Tout est bon pour prétendre que la télévision a partie liée avec le fascisme. A tel point que même un critique des *Cahiers du Cinéma*, Joachim Lepastier, chroniquant *Adieu au langage (2014)* avec la dévotion de rigueur dans cette revue à l'égard du cinéaste, qualifie néanmoins de « parallèle historique à l'emporte-pièce » le fait que Godard rapproche l'arrivée au pouvoir d'Hitler et l'invention de l'*iconoscope* (un des premiers tubes à l'origine de la télévision) parce que les deux évènements sont survenus en 1933. « Oui, bon, peut-être… » écrit le critique, quand même dubitatif.

Or Godard ici se veut tout à fait réflexif. Déjà ce rapprochement était présent dans les *Histoire(s) du Cinéma*. Comme l'explicite Michael Witt, Godard infère de cette coïncidence de dates que « le développement technologique non seulement prit place parallèlement à la montée du nazisme, mais aussi, élément déterminant, qu'il finit par être perverti à travers sa mauvaise utilisation en une autre forme de fascisme[8]. » Michael Witt rappelle qu'en de nombreuses occasions, le cinéaste a qualifié la télévision comme une forme de nazisme culturel de par son pouvoir et son uniformité. Point de vue placidement validé par Saad Chakali qui voit, dans le rapprochement de l'arrivée d'Hitler au pouvoir avec l'invention de l'iconoscope, un rapprochement de « (…) séquences historiques dont on n'aurait pas imaginé à quel point elles pouvaient résonner tant qu'on n'avait pas

8 Michael Witt, *Jean-Luc Godard, Cinema Historian*, Indiana University Press, 2013, p. 171-172.

osé effectivement expérimenter leur mise en relation potentielle.[9] »

Mais la télévision est bonne fille. Aussi Godard, en dépit de sa détestation, ne se privera pas d'occuper les plateaux à partir des années quatre-vingt et jusqu'aux années deux mille. Il s'y montre mordant, allusif, décalé. Il joue sur les mots, marmonne, feint d'être surpris qu'on ne le comprenne qu'à moitié. Ses propos sont souvent agressifs à l'égard de ses interlocuteurs. Néanmoins les gens de télévision le réinvitent volontiers. C'est un « bon client ».

Réfugié en Suisse sur son Aventin, Godard y affiche régulièrement sa commisération pour les médiocres jeux du cirque politique et culturel. Il joue sur du velours dans le rôle de l'intellectuel critique et de l'artiste de haute culture[10].

---

9 Saad Chakali, *Jean-Luc Godard dans la relève des archives du mal*, L'Harmattan, 2017, p. 216.

10 Nathalie Heinich a bien montré comment Godard est parvenu à se créer un statut quasi unique dans le monde du cinéma en conjugant le rôle de l'intellectuel et celui du créateur, « Godard créateur de statut », *Godard et le métier d'artiste*, *op. cit.* , L'Harmattan, 2001, p. 305-313.

-10-
Hollywood, axe du Mal

La seule patrie que se reconnaît vraiment Godard, c'est le cinéma. C'est donc dans le champ du cinéma que Godard mènera sa guerre la plus impitoyable, avec en ligne de mire toujours et partout Hollywood. Ici il est question de guerre civile.

Les attaques contre Hollywood sont innombrables chez Godard. C'est le ventre de l'ennemi. Le cinéma était né pour penser mais il serait mort-né anéanti par la puissance d'Hollywood, une Babylone dont le cinéaste présente la volonté de puissance comme équivalente à celle du fascisme et du stalinisme. Le fascisme et le stalinisme ont été défaits. Hollywood est toujours là. « Une usine de rêve, des usines comme ça, le communisme s'est épuisé à les rêver[1]. »

Initialement, dans les années cinquante, Godard ne jurait que par Hollywood. A l'époque l'ennemi, selon une formule de Truffaut, était « une certaine tendance du cinéma français » : Autant-Lara, Cayatte, Clément, Delannoy... Pour s'imposer face à leurs aînés, même les films de série B, pourvu qu'ils fûssent américains, étaient portés aux nues par les « jeunes Turcs » des *Cahiers du Cinéma*. Dans le

1 *Histoire(s) du cinéma, Toutes les histoires* (1a).

climat politique de la guerre froide, cet *hollywoodisme* était perçu à gauche comme une provocation.

Mais, à mesure qu'ils vont prendre la première place dans l'espace du cinéma français, les cinéastes de la *Nouvelle Vague* vont tourner casaque. Dès 1963, dans un entretien donné aux *Cahiers du Cinéma*, Godard, Rivette et Truffaut estiment que le cinéma américain est en pleine « débâcle»[2].

Un tel retournement, pour aussi surprenant qu'il apparaisse, s'explique aisément si l'on se remet dans le contexte de l'époque. Il est cohérent avec le glissement vers la gauche radicale d'une partie de la jeunesse et des intellectuels. Dans *Le Mépris*, Paul Javal, personnage à qui Godard prête de nombreux traits, fait tomber par inadvertance de la poche de son pantalon une carte du parti communiste italien.

Le Mépris (1963) : première déclaration de guerre à Hollywood

L'énorme échec public qu'a été son cinquième long-métrage, *Les Carabiniers*, oblige Godard à s'interroger. Son dandysme l'a conduit au bord du gouffre. S'il ne veut pas purement et simplement disparaître du paysage cinématographique, il lui faut renoncer à cette posture. Ce qu'il fait. Quelle différence de ton entre *Les Carabiniers* et *Le Mépris* (1963), qui va définitivement lui assurer sa place au Panthéon du cinéma ! Etant en mesure de mobiliser un budget très conséquent et une visibilité maximale grâce à la participation du sex-symbol Brigitte Bardot, Godard s'engage pour de bon dans la cause qui compte le plus à ses yeux : la défense de ce que doit être le cinéma. L'humour et le goût de la provocation affleurent dans *Le Mépris* mais ces

2 Jean-Pierre Esquenazi, *op. cit.*, p 158.

ingrédients sont ici soigneusement contrôlés. Ils viennent simplement pimenter le fond d'un propos qui se veut d'une grande gravité.

Le film est une adaptation du roman d'Alberto Moravia *Il Disprezzo*. Le producteur italien du roman devient un producteur américain, Jérémie Prokosch. Comme l'écrit Michel Marie, « Bien qu'il ne fume pas le cigare à l'instar de ses confrères d'Hollywood, Prokosch n'est ici qu'une caricature. Il incarne sans nuances l'homme qui sort son carnet de chèques quand il entend parler du mot « culture », celui qui aime humilier les autres (...). C'est le personnage repoussoir du *Mépris*[3]. » Godard oppose Prokosch au célèbre réalisateur allemand Fritz Lang qui joue son propre rôle dans le film. Autrement dit, Godard oppose la tradition de la haute culture européenne à l'arrogance triomphante de l'Amérique inculte jusqu'au grotesque : Prokosch ne cesse de débiter des maximes stupides qu'il tire d'un minuscule petit livre rouge. Godard puise à cœur joie dans la tradition antiaméricaine : son personnage repoussoir incarne l'Amérique sans esprit et bien proche des dictatures (le « petit livre rouge » ne fait encore l'objet d'aucune dévotion chez le cinéaste). Les mâchoires carnassières de Jack Palance complètent le tableau.

Dans *Le Mépris* Godard développe pour la première fois l'argument de l'assassinat du cinéma en tant qu'art par le mercantilisme américain. Francesca Vanini (Giorgia Moll), l'assistante de Prokosh, déclare à Paul Javal qui s'étonne que le studio de Cineccittà soit désert : « ça va très mal dans le cinéma italien (...) Hier Jerry a vendu tout et on va construire des Prisunic. C'est la fin du cinéma[4]. »

---

3 Michel Marie, *Le Mépris, Jean-Luc Godard,* Nathan, Synopsis, 1990-1995, p. 54-55.

4 Sous des formes diverses, on retrouvera cette thématique de la fin

Jean-Pierre Esquenazi a pointé le décalage entre le personnage du *Mépris* incarné par Lang et ce qu'a été réellement l'expérience de Fritz Lang à Hollywood. En fait, durant sa carrière en Amérique, Lang a su à la fois préserver son indépendance et « cultiver le compromis afin de faire des films à l'intérieur de la logique spectaculaire qui est celle des industries culturelles[5]. » Dans *Le Mépris* Fritz Lang est en train de réaliser une version cinématographique de *L'Odyssée.* Godard nous présente Lang comme un cinéaste voulant réaliser un « film d'auteur » respectueux de l'œuvre originale. Or, rappelle Jean-Pierre Esquenazi, à l'époque Lang était devenu un cinéaste « rompu aux genres moins nobles de l'aventure mélodramatique ou policière[6]. » Godard « oublie » que Lang est devenu un créateur inscrit dans la logique industrielle de la fabrication de films. Godard bâtit une légende pour les besoins de son argumentaire antiaméricain.

Le Mépris illustre à merveille l'intrication étroite de deux obsessions qui parcourent tout le cinéma godardien : le cinéma en tant qu'art et outil de pensée détruit par le mercantilisme américain et la cruauté féminine. Pour Paul Javal, coupable de s'être vendu aux intérêts US, la note est salée : il perd son âme et perd sa femme, laquelle passe directement dans le camp de l'ennemi en se liant à Prokosch. De reniements en petites lâchetés, Javal a perdu le respect de lui-même et la considération de Camille. Acculé par la trahison de celle-ci, il se révolte enfin mais trop tard.

du cinéma dans *Passion, Prénom Carmen, Détective, Grandeur et décadence d'un petit commerce de cinéma, Soigne ta droite, King Lear, For Ever Mozart, Eloge de l'Amour* et plus encore dans *Les Histoires du Cinéma.*

5 Jean-Pierre Esquenazi, *op. cit.,* p. 165.

6 *Ibid,* p 166.

Il n'a d'autre solution que d'abandonner le film. Godard, lui, affirme qu'il ne sera pas un autre Javal. En se laissant embarquer dans une production internationale avec des grandes vedettes, il a failli l'être. Il a cédé à la tentation par faiblesse, par amour pour Anna, pour « lui offrir l'appartement ». Comme Javal, il mesure ce qu'il va lui en coûter d'assumer la rupture avec Hollywood et avec la femme aimée. Mais Godard qui interprète en personne le rôle d'assistant de Fritz Lang, n'abandonne pas le film. Lui et Lang poursuivent la réalisation de l'*Odyssée* telle que Lang l'a conçue.

Quant à Prokosch et Camille, ils ne l'emportent pas au paradis. L'heure de la vengeance a sonné. Sur le terre-plein d'une station d'essence, Prokosch interroge Camille dans son français effroyable : « Toi quoi penser moi ? » A peine Camille a-t-elle répondu avec suffisamment d'ambiguïté pour donner à Prokosch quelques raisons d'espérer que leur Alfa-Roméo s'encastre dans un camion-citerne. Les deux occupants sont tués sur le coup.

Eloge de l'Amour (2001)

Dans ce film sorti près de quarante après *Le Mépris*, Godard relance lourdement sa guerre à *Hollywood*. Cette fois, Godard développe une thèse particulièrement insultante à l'égard des Etats-Unis. Parce qu'ils seraient une nation qui n'a pas d'Histoire, les Etats-Unis éprouveraient via Hollywood le besoin irrépressible de venir piller les Histoires des autres pays, particulièrement celles des vieilles nations de haute culture[7].

7 *Eloge de l'amour* n'est pas le seul film où Godard développe cette thématique du pillage culturel des nations par Hollywood. En 1992, le cinéaste réalisa en vidéo *Les enfants jouent à la Russie*. Comme le

Le principal protagoniste du film, Edgar, est un jeune homme qui, entre autres préoccupations, mène une recherche sur le rôle joué par les catholiques dans la résistance. On y apprend que certains d'entre eux et certains monarchistes furent parmi les premiers à rejoindre Londres. Dans *Eloge de l'Amour*, la composante de gauche de la Résistance est éclipsée. Le centre de gravité de cette dernière est déplacé vers la droite. Godard a réquisitionné son ami, journaliste et historien Jean Lacouture, pour expliquer cela au jeune homme. Jean Lacouture et Edgar sont appelés à se rencontrer chez un couple d'anciens résistants résidant en Bretagne, les Bayard. A cette occasion Edgar fait la connaissance de Berthe, petite fille des Bayard.

Edgar arrive chez les Bayard à un moment où ceux-ci, ayant des soucis d'argent, sont en pourparlers avec des Américains désireux d'acheter les droits de raconter leur histoire au cinéma. Le ton est d'emblée donné par Jean-Henri Roger, vieil ami de Godard de l'époque Dziga Vertov qui, dans le film, joue le rôle d'un conseiller culturel d'une commune bretonne. Venu à la rencontre d'Edgar, Jean-Henri Roger croise la voiture des négociateurs. Edgar demande à son accompagnateur de lui préciser qui sont ces négociateurs. Réponse : « Des Américains qui emmerdent. » Plus tard, joignant le geste à la parole, Jean-Henri Roger bouscule l'un d'entre eux au lieu de le saluer et ajoute : « C'est dingue, ils se comportent comme chez eux, vous avez vu. »

Dans la petite délégation américaine il y a une jeune femme noire présentée comme particulièrement déplai-

---

résume Antoine de Baecque, ce film est « une vision désenchantée et désespérée de l'Histoire d'un pays, d'une nation, d'une culture, qui disparaissent alors que le cinéma américain est en train de l'acheter pour y conquérir des « bénéfices de fiction » ». Antoine de Baecque, *op. cit.*, p. 707-708.

sante. Edgar tente d'engager la conversation avec elle en disant que son père connaissait l'inventeur de la voiture qu'elle conduit, une *Lotus*. Réponse de la jeune femme : « So what ? » Edgar tire la leçon de ce bref échange : « Vous n'aimez pas l'Histoire, mademoiselle ! »

Il s'avère que le négociateur en chef, Summer Wells Junior, est un représentant du Département d'Etat. A Berthe qui s'en étonne, l'homme répond « Chère jeune madame, comprenez bien que le vrai maître à bord, c'est Washington, Hollywood n'est, pardonnez-moi Lemmy (*Lemmy est le représentant de la Spielberg Associates Incorporated...*), que le stewart. » Le propos renvoie ici à celui, souvent cité par Godard, d'un sénateur américain qui dans le passé a déclaré au Congrès : « le commerce suit les films ».

Un pays qui n'a pas de nom

Lorsque Lemmy annonce que « sa compagnie a engagé William Styron, l'un des meilleurs écrivains américains pour écrire le scénario », Berthe l'interrompt : « Vous dites écrivain américain, de quel américain s'agit-il ? L'Amérique du Sud?

-Lemmy : Je ne comprends pas. Des Etats-Unis évidemment.

-Berthe : Evidemment, mais le Brésil aussi ce sont des Etats-Unis. Les Etats-Unis du Brésil et ils s'appellent Brésiliens.

-Lemmy : Non je disais les Etats-Unis d'Amérique du Nord.

-Berthe : Le Mexique aussi, ce sont des Etats-Unis d'Amérique du Nord et ils s'appellent Mexicains et le Canada aussi et ils s'appellent Canadiens. De quels

Etats-Unis vous parlez ?

-Lemmy : Je viens de le dire, les Etats-Unis du Nord.

-Berthe : Et alors le nom d'un habitant de ce que vous appelez vos Etats-Unis c'est quoi ? Vous voyez vous n'avez pas de nom. Cet accord est signé avec le représentant d'un pays qui n'a pas de nom. Pas étonnant qu'ils aient besoin des histoires des autres, des légendes des autres. Vous êtes comme nous, vous cherchez l'origine, papa, maman, mon grand frère, la petite sœur, tous les cousins, ça n'a rien d'original mais nous, nous le recherchons en nous-mêmes. Hélas, comme vous n'avez pas une longue histoire, vous devez la chercher chez les autres, au Vietnam, à Sarajevo[8]. »

D'interview en interview, Godard ira répétant cette trouvaille. Un Texan, ça a un nom ; un Californien, ça a un nom. Mais l'habitant des Etats-Unis se faisant appeler Américain usurpe un nom qui appartient tout autant à d'autres habitants de ce continent. Ça se défend. Mais de là à prétendre que les Américains sont intervenus à Sarajevo pour aller récupérer de l'Histoire ! Que le cinéaste prétende retourner l'intervention pacificatrice de l'Otan en agression américaine au moyen d'une telle fable est risible.

Défense de l'identité nationale

De façon assez étonnante mais en même temps parfaitement logique, l'antiaméricanisme conduit ici Godard à se faire le défenseur des identités nationales.

Godard s'est toujours défini comme agnostique mais dans ses films de la maturité il a souvent témoigné de son intérêt pour la chose religieuse (De *Passion* à *Je vous sa-*

8 Jean-Luc Godard, *Eloge de l'amour, phrases,* P.O.L, p. 96-98.

lue Marie, d'*Hélas pour moi* à *Eloge de l'Amour*). Dans *Eloge de l'amour* la mise en exergue de figures atypiques du catholicisme (le résistant colonel Rémy, la philosophe Simone Weil, l'écrivain Charles Péguy) alors que l'église officielle de l'époque affichait plus que des sympathies à l'égard du maréchal Pétain, contribue à la re-création d'une France d'en bas terre de foi, de lutte et de culture.

Pour curieuse que puisse paraître cette dimension identitaire dans un film de Godard, ce positionnement n'est pas sans lien avec l'air du temps. Depuis quelques années en France divers courants d'opinion, de droite comme de gauche, redécouvrent l'identité nationale. Plus on exalterait la France, plus on porterait le flambeau des valeurs républicaines et démocratiques. Le versant sombre de cette tradition, reconnaît-on, a été le colonialisme. Mais le versant lumineux en a été la résistance.

Nombreux sont les Français qui pensent aujourd'hui que face à la mondialisation et l'Europe, il nous faut réaffirmer la spécificité de notre modèle social, de notre culture et de notre identité nationale. Ce qui, pour certains, fait figure de repli conservateur est, pour d'autres, synonyme de bouée de sauvetage dans un univers particulièrement inquiétant. Ce positionnement existe aussi bien à droite qu'à gauche. Dans *Eloge de l'Amour*, Godard témoigne d'une certaine adhésion envers ce républicanisme qui ne craint pas de s'élargir aux héritiers de ce qui fut historiquement les courants dominants de la contre-révolution (le monarchisme, le catholicisme) en défense d'une identité nationale commune. L'unanimisme national du cinéaste va même jusqu'à trouver légitime de faire entendre dans le film la lettre que Brasillach a rédigée avant d'être fusillé, ce qui est pour le moins déplacé dans un film qui se veut dédié à l'esprit de la Résistance.

C'est à l'aune de ce positionnement qu'il convient d'appréhender un aspect d'*Eloge de l'amour* qui a choqué Richard Brody. On apprend dans le film que monsieur Bayard s'appelait avant-guerre Samuel. Monsieur Samuel et sa femme, qui se sont mariés après-guerre, ont voulu conserver leur nom de guerre. Ici Godard dresse un parallèle direct entre les Bayard et un couple de résistants célèbres, Lucie et Raymond Aubrac. Raymond Aubrac lui aussi s'appelait Samuel. A un moment du film, Berthe s'adresse à sa grand-mère : « Moi je m'appelle Samuel, papa aussi s'appelait Samuel, pourquoi vous vous appelez encore Bayard ? Pendant la guerre, oui, mais après ? » Elle n'obtient pas de réponse. Celle implicite que fournit le film, est que l'esprit de la résistance reposait sur la mise à l'écart des identités particulières. Ramené à la période actuelle et aux débats qui traversent l'opinion sur la question des minorités, ce positionnement revient à affirmer une « indifférence aux différences », étant entendu que la seule différence qui mérite d'être affirmée, serait la différence nationale. Ce que Brody considère ici comme une attitude anti-juive parce que refusant la mise en avant de la judéité dans l'espace public[9], doit plutôt être interprété comme l'expression de l'approche décrite communément en France comme non communautariste par opposition à l'approche multiculturaliste anglo-saxonne.

Il n'est guère surprenant que Godard veuille, sur ce point aussi, se distinguer de l'influence culturelle américaine. Une petite scène illustre sa méfiance nouvelle à l'égard de l'expression des minorités. Des enfants sonnent à la porte des Bayard. Ils font signer une pétition pour le projet d'une version en breton de *Matrix*. Autrement dit l'expression des minorités culturelles est suspecte d'être instrumentalisée

9 Richard Brody, *op. cit.*, p. 716.

par les majors hollywoodiens pour conquérir des parts de marché supplémentaires et subvertir l'identité française.

Histoire(s) du Cinéma (1988-1998)

L'anti-*hollywoodisme* godardien est bâti sur la thèse de la « fin du cinéma ». La thèse était présente de façon littérale dans *Le Mépris*. Elle va, au fil des ans, se sophistiquer, en particulier dans le grand'œuvre godardien des années quatre-vingt, *Histoire(s) du Cinéma*.

C'est un gigantesque mixage d'extraits et de photogrammes de films de fiction, d'images d'actualité, de citations littéraires, de musiques et d'œuvres d'art de toute nature. Tout au long de cette œuvre fleuve de quatre heures trente qui mobilisa le cinéaste pendant une dizaine d'années, Godard, en chair et en os sur l'écran, nous parle. Le cinéaste vieillissant se montre volontiers grandiloquent, contempteur, imprécateur, excommunicateur. Sa voix, sépulcrale, souvent réverbérée par l'écho, ajoute au tragique. C'est que la beauté dont rayonnent les œuvres citées, est sans cesse confrontée à ce que l'Histoire du XXème siècle a charrié de plus terrible, l'extermination des Juifs. La beauté s'entremêle à l'horreur indissolublement. Les *Histoire(s)* sont une immense déploration.

Au cœur de cette entreprise, on trouve une nouvelle construction théorique relative à l'image.

D'une certaine façon, il s'agit d'une reprise à nouveaux frais de la réflexion menée durant la période Dziga Vertov quand Godard et Gorin expliquaient « Ce n'est pas une image juste, c'est juste une image. » A l'époque il s'agissait d'une entreprise purement négative : démolir les codes de la représentation considérés comme des codes réactionnaires.

Le retour de Godard au cinéma va cette fois s'appuyer sur une définition de l'image en positif. Dans les films du Godard de la maturité apparaît de façon récurrente à compter du film *Passion* une citation du poète Pierre Reverdy : « L'image est une création pure de l'esprit, elle ne peut naître d'une comparaison, mais du rapprochement de deux réalités plus ou moins éloignées. Plus les rapports des deux réalités rapprochées seront lointains et justes, plus l'image sera forte, plus elle aura de puissance émotive et de réalité poétique (...) Une image n'est pas puissante parce qu'elle est brutale et fantastique, mais parce que l'association des idées est lointaine et juste[10]. » Cette citation fait puissamment écho pour Godard à ce qu'il estime depuis toujours être au cœur même du cinéma, le montage. Le cinéaste reformulera de film en film, chaque fois sous une forme un peu différente, cette idée de « l'association des idées lointaine et juste ». La phrase est belle. Mais voilà le mot « juste » qui réapparaît sur l'écran godardien. Et pour dire cette justesse, Godard revendique la subjectivité maximale que requiert le rapprochement de « réalités lointaines ».

Godard le dira encore et encore : sa méthode de rapprochement des images est un instrument de connaissance. En somme il estime avoir trouvé une méthode qui fonde tout à la fois son esthétique et la possibilité de la connaissance scientifique. La méthode permettrait l'osmose entre la recherche de la Beauté et celle de la Vérité. Le cinéma serait instrument de connaissance parce que le rapprochement des images, notamment les images des grands cinéastes de fiction avec celles des actualités filmées, révèlerait des choses qu'aucun autre mode d'appréhension de la réalité, ne serait en mesure de montrer.

---

10 Pierre Reverdy, *Œuvres complètes,* Flammarion, 1975, p. 73-75.

Certes une forme d'expression artistique, quelle qu'elle soit, a beaucoup à dire sur l'état de la société. Elle le fait parfois plus profondément que des études à caractère scientifique. C'est ce que les historiens François Furet et Pierre Vidal-Naquet ont pointé quand Godard leur a soumis ses *Histoire(s) du cinéma*. François Furet a estimé que l'œuvre faisait apparaître une « dimension épique » de l'Histoire qu'il n'était pas en mesure de restituer dans ses livres. Par le seul jeu des rapprochements d'images, le cinéaste est en mesure de dégager des raccourcis saisissants. Mais, face à un Godard prétendant que les *Histoire(s)* sont une autre façon de faire de l'Histoire, et même la seule façon d'en faire vraiment, les deux historiens renvoyèrent le cinéaste dans ses cordes. François Furet et Pierre Vidal-Naquet ne discutèrent pas sur le fond les thèses défendues dans l'œuvre jugeant que celle-ci était essentiellement un merveilleux travail artistique. Dans une interview Godard se déclara consterné : « Je m'attendais à ce que Vidal-Naquet ergote, qu'il me contredise sur un point ou l'autre, sur tel ou tel choix historique. Il m'a simplement dit : « Vous êtes un poète »[11]. »

Face aux *Histoire(s)*, difficilc pour le spectateur de ne pas se perdre : qu'est-ce qui motive les rapprochements opérés par Godard ? Selon les cas, le contenu des images, leur forme, leur période, ses souvenirs personnels, son inconscient. Le spectateur des *Histoire(s)* ne possède pas toutes les clés. De plus le cinéaste accompagne ses associations d'images de commentaires souvent elliptiques ou obscurs. Ce qui ne manque pas de susciter toute une production intellectuelle à travers le monde. Mais Godard se dispense de tomber dans l'arène des explications. S'il donne volon-

11 Richard Brody, p. 694. L'auteur cite ici une interview de Godard parue dans *Télérama* du 4/10/2000.

tiers des interviews pour promouvoir la sortie de ses films, le fait est qu'il participe peu aux débats intellectuels que suscite son œuvre, préférant, en orfèvre de la communication, laisser tout dire et son contraire. Ainsi préserve-t-il sa statue de commandeur.

Dans ces conditions, un travail critique de bonne facture ne devrait pas manquer d'appréhender les rapprochements d'images godardiens avec circonspection. Certainement le rapprochement peut « marcher », il peut même être illuminant, mais le rapprochement peut aussi être faible ou incompréhensible faute de disposer des éléments nécessaires, voire tout à fait discutable. Telle n'est pas le plus souvent la posture adoptée par la critique. Nombreux sont les universitaires travaillant sur cette matière qui sont prêts à décerner à cette méthode un quasi brevet d'infaillibilité. Que dire par exemple du travail de Daniel Morgan, aussi sophistiqué, érudit et parfois convaincant soit-il, dès lors que toutes les associations godardiennes qu'il décortique dans son ouvrage, se trouvent au final toujours validées comme profondes et justes à l'issue de raisonnements pavés de références littéraires et philosophiques pourtant passablement sinueux[12].

La démarche godardienne mérite d'être rapprochée de la psychanalyse où le jeu des associations libres est censé révéler la vérité du sujet. Mais ce qui peut valoir pour l'individu peut-il être transposable à l'échelle de l'Histoire ? Godard ne s'embarrasse pas d'un tel questionnement. Il postule qu'il est lui-même porteur de toute l'histoire du cinéma et que l'histoire du cinéma est elle-même porteuse de toute l'Histoire du XXème siècle. Ces raccourcis pour le moins audacieux le conduisent à prétendre finalement que ce qui

12 Daniel Morgan, *Late Godard and the Possibilities of Cinema*, University of California Press, 2013.

se triture dans son inconscient vaut Histoire du monde. Ce rêve artiste de toute-puissance n'est pas sans faire la part belle à certaines fantasmagories. Au cœur de celles-ci on trouve l'affirmation de la mort du cinéma en tant qu'art pour deux raisons : le cinéma est mort à Auschwitz parce qu'il n'a su ni alerter ni témoigner sur la Shoah ; après la seconde guerre mondiale, le cinéma est mort une seconde fois, détruit cette fois par l'Amérique et son cinéma de divertissement envahissant l'Europe.

« La flamme s'éteindra définitivement à Auschwitz [13]»

Cette phrase entendue au chapitre 3a des *Histoire(s) du Cinéma* vient juste après l'affirmation du cinéaste selon laquelle le cinéma était « fait pour penser ». Or le cinéma a trahi. A quelques exceptions près, il n'a ni dénoncé ce qui se préparait, ni porté témoignage de ce qui était en train de se passer et il n'a pas non plus témoigné de ce qui s'était passé.

L'accusation portée par Godard concerne l'ensemble du cinéma. Le cinéaste pointe que « de Vienne à Madrid, de Siodmak à Capra, de Paris à Los Angeles et Moscou, de Renoir à Malraux et Dovjenko, les grands réalisateurs de fiction ont été incapables de contrôler la vengeance qu'ils avaient vingt fois mise en scène[14]. » Mais compte tenu de la place occupée par Hollywood, la responsabilité première revient évidemment aux maîtres d'Hollywood. L'énorme industrie du cinéma vouée à l'*entertainment* n'a pas voulu voir ni se soucier de ce qui arrivait.

---

13 *Histoire(s) du Cinéma, La Monnaie de l'absolu* (3a).

14 *Ibid.*

Richard Brody estime lui aussi qu'en effet Hollywood n'a certainement pas fait ce qui aurait pu et dû être fait[15]. Pire encore, les travaux récents de l'historien Ben Urwand ont apporté la preuve des compromissions avec le régime nazi auxquelles se sont livrés la plupart des grands studios durant la période 1933-1939 allant jusqu'à empêcher la réalisation de films anti nazi et à boycotter des artistes et techniciens juifs pour conserver la possibilité de diffuser leurs films sur le marché allemand[16]. Mais Godard feint de croire que l'impact de quelques films sur le public mondial aurait suffi à détourner le cours des évènements. Pointer une responsabilité d'Hollywood à l'égal de tant de responsabilités à travers le monde, oui. Etablir une responsabilité capitale, il y a là une exagération qui ne manque pas d'intriguer.

Cette exagération devient suspecte quand on la rapproche de l'insistance avec laquelle Godard, en de multiples occasions, s'est appesanti sur le fait, historiquement vrai, que ce sont des immigrants et des réfugiés juifs qui ont joué le premier rôle dans l'émergence d'Hollywood comme capitale mondiale du cinéma. La thèse godardienne revient alors à présenter ces Juifs comme des grands coupables.

Dans un film tardif (*Film Socialisme - 2010)* il y a une séquence dans laquelle une voix nous dit qu'il y eut un temps où Hollywood était appelé « La Mecque du cinéma ». Godard nous donne à ce moment-là une explication bien dans sa manière : « Mes amis j'ai trouvé La boîte noire voilà pourquoi /Hollywood s'appelait La Mecque du cinéma / Le tombeau du Prophète / Tous les regards dans

15 Richard Brody, *op. cit.*, p. 665.

16 Ben Urwand, *Collaboration, Le pacte entre Hollywood et Hitler,* Bayard, 2014.

la même direction/ La salle de cinéma[17] » Mais une autre voix ajoute aussitôt : «Jawohl aber/ Une chose étrange est qu'Hollywood ait été inventé/ Par des Juifs Adolf Zukor William Fox David Selznick Samuel Goldwyn Marcus Loew Carl Laemle [18]».

L'antisémitisme sous-jacent d'une telle remarque n'est guère douteux. D'ailleurs Godard l'entend bien ainsi puisque la voix qui prononce cette phrase est celle d'un ancien nazi qui rôde dans le film. Mais le cinéaste se garde bien ici de corriger l'impression qu'une telle phrase peut laisser dans l'esprit du spectateur. Il ne dit pas ce qu'il sera amené à préciser quand le reproche d'antisémitisme se fera plus vif à son encontre, à savoir que la concentration de Juifs dans l'industrie nouvelle qu'était le cinéma, mérite notamment d'être expliquée par la discrimination dont ils faisaient alors l'objet en Amérique, les portes des métiers les plus prestigieux leur étant fermées. Serait-ce alors que Godard estime lui aussi qu'il y a de l'étrangeté dans la façon dont Hollywood a été créé puis a pris la place qu'on lui connaît sur la planète cinéma ?

Difficile pourtant d'imaginer que l'étrangeté qui travaillerait Godard, puisse reposer seulement sur le fait qu'Hollywood, fondé par des Juifs, ait pu être appelé La Mecque du cinéma. En fait, pour saisir ce que Godard considère comme ayant été vraiment étrange dans l'histoire du cinéma, il convient de se reporter à d'autres déclarations godardiennes. En différentes occasions, aussi curieux que cela puisse paraître de prime abord, Godard s'en est pris à Moïse. Invité à la télévision en 1981, il déclare : « Moïse est mon plus grand ennemi (…) Quand il a reçu les dix com-

17 Jean-Luc Godard, *Film Socialisme, Dialogues avec visages auteurs*, P.O.L, 2010, p. 40.

18 *Ibid.*, p 40-41.

mandements, Moïse a vu les images et il les a traduites. Puis il a apporté les textes, il n'a pas montré ce qu'il avait vu. C'est pour ça que les Juifs sont maudits[19]. » Moïse premier et plus grand ennemi du cinéma ? L'argument et la véhémence avec lequel Godard le développe, ont de quoi interroger. Il est de surcroît très gênant d'entendre le cinéaste proclamer que les Juifs sont maudits. Mais, par-delà la provocation, qu'est-ce que Godard nous dit précisément ici ? Le cinéma « était fait pour penser ». Il a sombré en tant qu'art parce qu'il s'est détourné du réel. Comment cela est-il advenu ? Pas seulement parce que le cinéma a été accaparé par des Juifs corrompus par l'Amérique mais parce que la culture même des tenants de cette religion du Livre, ne pouvait que les conduire à dénaturer cet « art encore enfant »[20].

Dans sa recension du livre de Richard Brody parue dans le journal *Le Monde*, Jean-Luc Douin a dénoncé « les idées fixes » de Godard. « Qui (Godard) désigne-t-il comme responsables du déni de la Shoah à l'écran, comme corrupteurs du septième art ? « *Hollywood, créé par des Juifs !* » (…) Godard est-il antisémite ? Débat complexe, mais que l'on préfère voir surgir de son vivant, et sur lequel on aimerait l'entendre sans confusion[21]. »

Disons-le, le combat de Godard défenseur de l'Image contre les iconoclastes qui tel Moïse et les tenants du Livre récusent les images, ne manque pas de rappeler les délires

---

19 « L'invité du jeudi », 17/9/1981, cité par Richard Brody, p. 665.

20 Je reprends ici à mon compte, sur ce point crucial, l'argumentaire de Richard Brody, p. 665.

21 Jean-Luc Douin, « Godard et ses idées fixes », *Le Monde des Livres*, 28 janvier 2011, colonne 1.

de Wagner selon lesquels il était dans la nature même des Juifs de ne pas être capables d'être de véritables compositeurs[22].

« On n'a pas voulu voir »

Poursuivant dans cette veine, Godard martèlera au fil des années suivantes qu'après-guerre la trahison du cinéma s'est à nouveau illustrée dans son refus de montrer des images des camps de concentration.

Dans un discours prononcé lors de l'attribution du prix Adorno en 1995, Godard explique : « Je me suis aperçu, après bien des films, moi et d'autres, que l'on n'avait pas montré les camps de concentration. Je me suis intéressé à cet aspect des choses sans doute à cause de mon passé, de ma classe sociale, de mon père, qui m'avait transmis son amour de l'Allemagne, bref, de *Siegfried et du Limousin*[23]. Il m'a semblé qu'avec le cinéma soi-disant libéré, la première des choses à montrer aurait dû être les camps (...). Mais on n'a pas voulu voir. On a préféré parler, dire : plus jamais ça. Et c'est reparti de plus belle, si on peut dire, Vietnam, Algérie -ce n'est pas fini- Biafra, Afghanistan, Palestine[24]. » Alors « Le cinéma, ou plutôt le cinématographe, a disparu à ce moment-là[25]. »

22 Jacques De Decker, *Wagner,* ed. Gallimard, Folio biographies, 2010, p.108-110.

23 *Siegfried et Le Limousin* est un livre de Jean Giraudoux dont il sera question au chapitre 12.

24 *Jean-Luc Godard par Jean-Luc Godard,* tome 2, 1984-1998, éd. Cahiers du Cinéma, p. 404.

25 *Ibid.*

« (Ce qui reste c'est) le cinéma (qui) est une industrie et si la première guerre mondiale avait permis au cinéma américain de ruiner le cinéma français, avec la naissance de la télévision, la deuxième lui permettra de financer c'est-à-dire de ruiner tous les cinémas d'Europe[26]. »

Chacune de ces propositions mériterait débat. Par exemple Godard oublie qu'il a été lui-même grand bénéficiaire des mesures prises en France par le ministre Jack Lang pour préserver le cinéma d'auteur. Là où s'est exercée une volonté politique, un cinéma national a été sauvé.

Par ailleurs Godard se contredit volontiers. Refus de voir ce qui se passait ? Il arrive à Godard de dire l'inverse : « De même que Vienne et sa musique avaient annoncé la Première Guerre mondiale, le cinématographe avait prévu la Seconde. Mais Charlie Chaplin, pourtant connu comme personne, mieux que Napoléon et Gandhi, Chaplin, que tout le monde croyait, lorsqu'il a fait *le Dictateur*, on ne l'a pas cru[27]. » Quant à la volonté de cacher les camps, outre le *Nuit et Brouillard* d'Alain Resnais, il y a eu les images tournées par Georges Stevens alors sous l'uniforme américain. Au chapitre *1a* des *Histoire(s)*, Godard estime que si Stevens « n'avait pas utilisé, le premier, le premier film en seize en couleurs à Auschwitz et Ravensbrück, jamais sans doute le bonheur d'Elisabeth Taylor n'aurait trouvé une place au soleil. » Autrement dit, Godard établit un lien, au demeurant bien peu convaincant, entre le fait que ce réalisateur ait filmé les camps et le fait qu'il ait fait rayonner la beauté d'Elisabeth Taylor dans *Une place au soleil (1951)*[28].

26 *Histoire(s) du cinéma, Toutes les histoires* (1a).

27 *Jean-Luc Godard par Jean-Luc Godard,* tome 2, op. cit., p. 404.

28 Pour autant le documentaire de Stevens, *D. Day to Berlin,* ne sera montré que dans les années 70. Ce qui illustre effectivement la volonté d'amnésie à laquelle se sont heurtés les déportés à leur retour des camps.

Godard s'est longtemps plu à entretenir la suspicion : on n'aurait pas fait le maximum pour trouver des images de l'extermination, y compris des images en provenance des nazis. Comme le dira Gérard Wajcman, qu'est-ce que ça changerait si l'on mettait la main sur des images filmées par les nazis ? Et le risque n'est-il pas, à force d'insister sur cette question des images qui doivent exister quelque part, qu'on conclut un jour, n'étant pas parvenu à les trouver, que tout cela n'a pas existé [29]?

Cette question des images des camps entraînera Godard dans des polémiques pour le moins choquantes. En 1985 sort sur les écrans *Shoah* de Claude Lanzmann. C'est un évènement considérable. Toute la force du film est contenue dans les témoignages. De la part du réalisateur c'est un choix esthétique et éthique : il ne peut y avoir d'image de l'extermination. Dans un entretien télévisé en décembre 87 avec Marguerite Duras, Godard critique le film de Lanzmann au motif « qu'il n'a rien montré », ce que Duras conteste vivement en disant que le film « montre les routes, les fosses, les survivants »[30].

Godard dira vouloir débattre avec Lanzmann. Finalement le débat, si tant est qu'il y avait matière à débat, tournera court. Godard s'est souvent questionné sur comment aborder l'extermination au moyen du cinéma. Lanzmann l'a fait.

Viendra ensuite une polémique sur la représentation fictionnelle de l'extermination dans *The Schindler's List (1991)* de Steven Spielberg. Cette fois Godard est violent. A diverses reprises il accuse Spielberg d'avoir reconstruit

29 Gérard Wacjcman, « Saint Paul Godard contre Moïse Lanzmann?», *Le Monde*, 3 décembre 1998.

30 Richard Brody, *op. cit.*, p. 610.

Auschwitz. La critique doit être entendue au sens fort comme si Hollywood s'était livré à une sorte de collaboration mentale avec le génocide. En 1995 Godard refusera un prix que lui a décerné le *New York Critic's Circle* en motivant son refus dans une lettre exposant une dizaine de raisons. Tous les motifs, certains plutôt dans le registre de la blague, ont à voir avec des griefs à l'égard des Etats-Unis. Surtout il se déclare indigne de recevoir le prix parce qu'il n'a pas pu « empêcher Spielberg de reconstruire Auschwitz »[31] .

Le cinéma de Spielberg n'est certainement pas ce qu'il y a de pire en provenance d'Hollywood. Quant à *La Liste de Schindler*, c'est un grand film hormis la séquence terriblement mélodramatique où Oscar Schindler quitte ses employés juifs en pleurant de n'avoir pu en sauver davantage. Une scène du film est particulièrement incriminée par Godard, celle de la douche collective des détenues arrivées par erreur à Auschwitz alors qu'elles font partie des Juifs que Schindler a réussi à faire sortir du camp de concentration pour les employer dans son usine. Godard la juge « honteuse et obscène » au motif que Spielberg a eu recours à un effet de suspense. Enfermées dans les douches, les déportées sont submergées d'angoisse de mort, persuadées qu'elles vont être gazées, mais, au bout de quelques secondes, l'eau jaillit. Interviewé dans l'émission *Paris Première* du 16 mai 1997 Godard accusera Spielberg d'avoir alimenté la propagande révisionniste en ayant fait croire que de l'eau pouvait jaillir des pommes de douche des chambres à gaz [32]! En quoi le suspense créé ici serait-il inacceptable ? C'est l'essence même du cinéma de fiction que de tenter de faire sentir au plus près l'angoisse. Si l'argument godardien est

31 Jean-Luc Godard, « Lettre à un ami américain », in *Jean-Luc Godard par Jean-Luc Godard,* tome 2, op.cit. , p. 344.

32 Antoine de Baecque, *op. cit.*, p. 764-765 et note 219, p. 885.

ici que l'extermination est infilmable, pourquoi alors avoir reproché à Lanzmann de n'avoir rien montré[33]?

Une anecdote mérite d'être rapportée. Jean Lacouture, journaliste et historien, sollicité par Godard pour apparaître dans *Eloge de l'amour (2001),* conditionne son accord à pouvoir exprimer tout le bien qu'il pense de *La Liste de Schindler*. Godard feint d'accepter et filme Lacouture s'exprimant sur ce point. Mais la séquence disparaît au montage[34]. Le procédé n'est guère honorable. Il n'est toutefois guère surprenant puisque, comme on l'a vu, dans *Eloge de l'amour* les représentants de la société *Spielberg Associates Incorporated* se voient dénier la légitimité d'acquérir auprès d'anciens résistants les droits d'exploiter cinématographiquement leur histoire.

Godard carbure aux polémiques. Cela ressemble furieusement à des batailles d'ego. Mais dans ces polémiques, Spielberg, juif et américain, fait figure de vilain absolu. Cela interroge comme interroge l'insistance de Godard dans sa dénonciation des vilains Juifs qui auraient créé Hollywood…en alliance avec la mafia.

Hollywood, la mafia et les Juifs

Godard s'est passionné pour la figure de Bugsy Siegel, un gangster juif bien introduit à Hollywood dans les années trente/quarante et qui, avec le soutien de la mafia, lança le premier casino de luxe à Las Vegas. Le cinéaste, à la fin des années soixante-dix, s'employa longuement à négocier des soutiens pour réaliser un scénario, *The Story*, inspiré des

33 Sur le sujet traité ici trop superficiellement des images et de l'extermination, se reporter à Georges Didi-Huberman, *Images malgré tout*, Editions de minuit, 2003.

34 Richard Brody, *op. cit.*, p. 711.

liens de la pègre avec le cinéma américain. Godard obtint un financement à hauteur de 250 000 dollars de la part de Francis Ford Coppola qui apportait de surcroît le soutien des studios Zoetrope qu'il venait de fonder. Finalement le projet ne se concrétisera pas[35].

Quelle fut l'importance réelle de Bugsy Siegel à Hollywood ? Fondateur de Las Vegas ? Selon Tim Adler, son casino *Le Flamingo* eut du mal à démarrer et quand il commença à être florissant Siegel fut assassiné[36]. Nous n'avons évidemment pas ici la prétention d'apporter un point de vue éclairé sur le sujet des liens entre la mafia et Hollywood. Que la mafia ait réussi de mille et une manières à pénétrer le monde du cinéma où l'argent coule à flots, le contraire serait étonnant. Ce qui retient notre attention en revanche, c'est encore une fois l'ardent désir de Godard de porter un regard dépréciatif sur l'histoire du cinéma hollywoodien en en faisant cette fois une création de Juifs mêlés à la mafia.

Dans une interview de 2010, à un moment où le reproche d'antisémitisme adressé à Godard prendra un caractère international, le cinéaste sera contraint d'expliquer : « Les Juifs n'avaient pas le droit d'être banquiers, médecins, avocats ou professeurs. C'est pourquoi ils se sont concentrés sur cette nouvelle activité ». Mais même en cette occasion, il ne pourra pas s'empêcher d'ajouter que « ces créateurs d'Hollywood n'ont pas manqué de s'allier immédiatement avec la mafia[37]. »

---

35 Antoine de Baecque, *op. cit.,* p. 567-570.

36 Tim Adler, *La Mafia à Hollywood,* 2007, Nouveau Monde éditions, 2012. Le personnage de Siegel inspira Warren Beatty qui voulut l'incarner au cinéma. Ce fut chose faite en 1991 avec la sortie de *Bugsy* de Barry Levinson. Le film remporta le prix du meilleur film aux Golden Globe Awards.

37 Interview dans le *Neue Zürcher Zeitung* du 7 nov 2010 rapporté par

Dans le *Cinématographe* n° 66 de mars-avril 1981, Godard expliquera pourquoi il n'a pas tourné *The Story* : « J'avais le désir de revenir à la fiction et j'ai essayé de le faire en Amérique, mais en fait il fallait le faire en Europe. A Hollywood la formule est ultra-classique : un film prend trois, quatre ans, pour se faire, on vous emploie sur un projet, on vous offre un bureau...Tout cela m'incite à reculer la décision du tournage, je n'ai pas tellement envie de m'installer ici deux ou trois ans, même si je veux garder des relations avec eux, car, sur le plan de l'argent, le contrat est intéressant[38]. »

L'épisode est illustratif de la relation d'amour/haine de Godard avec les Etats-Unis. Dans les années 77/78 Godard fait à nouveau de fréquents voyages aux Etats-Unis. Son ami Tom Luddy organise des présentations/conférences de ses films. Ses réalisations vidéo *Ici et ailleurs, Comment ça va, Numéro deux* y rencontrent un certain succès, du moins à l'échelle des campus et des cinémas art et essai. Godard renoue sur place avec de nombreuses connaissances, y compris Jean-Pierre Gorin, désormais professeur de cinéma à l'université de San Diego. Mais finalement, après bien des hésitations, il récuse les moyens et les facilités que lui offrent ses amis progressistes car se serait se trahir, faire le choix de l'Amérique contre l'Europe. Il dira « J'étais trop seul en Amérique, et j'ai besoin de la France, car ce film doit être une production française avec un partenaire américain, un œil français sur un corps américain[39]. » On peut voir dans ce retrait le réflexe de survie d'un artiste qui craint de perdre ce qu'il a d'irréductible dans la séduction qu'exerce sur lui le Système. On peut aussi considérer que l'épisode

Richard Brody, *op. cit.,* p.755.

38 Interview cité par Antoine de Baecque, *op. cit.*, p. 570.

39 *Ibid.*

démontre une fois de plus que le réflexe antiaméricain est si fort chez le cinéaste qu'il emporte la décision, même dans une période où il cherchait passionnément à retrouver ses entrées dans le monde du cinéma.

En 2008, lors d'une conférence de presse à Cannes, Godard déclarera : « J'ai toujours détesté l'Amérique[40] ». Que dirait-on si un Spielberg ou un Scorsese déclarait publiquement : « J'ai toujours détesté la France » ? Après ce cri du cœur, dont Godard ne pourrait gratifier un quelconque autre pays sans que la réprobation soit générale, le cinéaste avait immédiatement ajouté : « j'ai toujours adoré le cinéma américain ». Mais quelques instants plus tard, il avait déploré que lorsque les Américains vous invitent en vous disant : « Mettez-vous à l'aise, faites comme chez vous », il faut comprendre « Faites comme nous voulons que vous fassiez ». C'est pourquoi il avait essayé cinq ou six fois de faire un film là-bas mais il n'y était jamais parvenu. « J'ai jamais réussi parce que je ne veux pas être américain[41]. » Tout était dit.

40 Le cinéaste désigne ici les Etats-Unis comme étant « l'Amérique », ce qu'il reprochait vivement aux Américains dans *Eloge de l'amour*...

41 Les extraits de cette conférence de presse sont disponibles en bonus dans le DVD 1 du coffret Gaumont *Histoire(s) du cinéma.*

-11-
Godard antisémite?

Ici la question « Godard est-il antisémite ? » ne peut manquer d'être posée car Godard prétend qu'Israël, parce que né à la faveur de l'extermination, ne peut que reproduire à son tour un esprit de haine et de vengeance inextinguible à l'égard de ses ennemis.

Les Juifs font aux Palestiniens ce que les Allemands ont fait aux Juifs

En 2006 Céline Scémama publie un ouvrage consacré aux *Histoire(s) du Cinéma.* Elle expose avec force et clarté quelques-unes des principales associations qui structurent l'œuvre. Son travail témoigne de l'admiration qu'elle porte à son créateur. En fait Céline Scémama épouse la démarche de Godard, convaincue de la pertinence de la méthode des associations d'images pour pénétrer jusqu'au cœur de l'Histoire mêlée du cinéma et du vingtième siècle. A une occasion toutefois elle se refuse absolument à valider une association du cinéaste[1]. L'association porte sur les Juifs dans les camps nazis. Sur l'image d'un cadavre décharné tiré vers

1 Céline Scémama, *Histoire(s) du cinéma de Jean-Luc Godard, la force faible d'un art,* L'Harmattan, 2006, p. 182-188.

une fosse commune, Godard fait apparaître successivement les inscriptions « alleman » [sic], « juif », « musul man » [sic]. Godard fonde l'association de ces trois mots sur le fait que les détenus qui se trouvaient dans un état proche de la mort, étaient fréquemment appelés « musulman » dans les camps. Si l'on s'en rapporte au chapitre que consacre à ce sujet Maurice Darmon, cet élément factuel est bien établi historiquement (d'autres appellations avaient néanmoins cours)[2]. La question ici est évidemment celle de la signification à donner à ce fait historique.

Godard fait une véritable fixation sur cet élément. Il l'évoque à de nombreuses reprises dans des entretiens et à nouveau dans son film de 2004 *Notre Musique* en y produisant deux photos de détenus de camps nazis, l'une étant légendée « Juif », l'autre « Musulman ». A nouveau dans *Film Socialisme* (2010) apparaît l'image du corps supplicié sur lequel s'inscrit successivement juif, puis musulman. Déjà au début des années soixante-dix, quand il avait eu l'occasion de s'entretenir avec Yasser Arafat alors qu'il travaillait à la réalisation de son film commandé par le *Fatah*, le cinéaste avait interrogé le leader palestinien à ce sujet. Yasser Arafat avait répondu que cela ne lui inspirait rien, ce qui s'était passé entre les Allemands et les Juifs n'ayant pas à ses yeux à être rapproché de ce qui se passait maintenant entre les Juifs et les Palestiniens[3].

Lorsque deux journalistes du journal *Le Monde*, Jacques Mandelbaum et Thomas Sentinel, lui demandent lors de la sortie de *Notre Musique* : « Quel sens donnez-vous exactement au rapprochement que vous faites dans le film, à partir

2 Maurice Darmon, *La question juive de Jean-Luc Godard*, éditions Le temps qu'il fait, 2011, p. 137-153.

3 Richard Brody, p. 424. Brody se réfère sur ce sujet à l'entretien personnel qu'il a eu avec Godard le 9 juin 2000.

de deux photos de détenus des camps nazis, entre juif et musulman ? », Godard répond : « (...) je me suis toujours demandé comment il se faisait que les Allemands aient appelé un Juif « Musulman ». Et puis l'idée m'est venue que le conflit du Moyen-Orient commençait là. (...)[4]. »

Pour Céline Scémama ce rapprochement est « plus qu'indécent ». « La critique de la politique israélienne vis-à-vis du peuple palestinien dans les *Histoire(s)* est une chose, c'en est une autre, plus douteuse, de faire le rapprochement entre cette guerre de deux peuples et un génocide[5]. »

Déjà, dans *Vladimir et Rosa* tourné en 1970 avec ses compagnons du groupe Dziga Vertov, Godard déguisé en flic fasciste faisait le salut nazi en s'exclamant « Sieg Heil » quand étaient évoqués l'Amérique, la France, l'Union Soviétique et, pour finir...Israël. Comme l'écrit Céline Scémama, « Dieudonné n'a rien inventé[6]. » Il est vrai que l'époque traitait avec indulgence les débordements gauchistes.

Quelques années plus tard, Godard fait clignoter en alternance sur un écran vidéo dans le film qu'il réalise avec Anne-Marie Miéville, *Ici et Ailleurs* (1974), les photos d'Adolf Hitler et de Golda Meir. Bien que le film ait été peu diffusé et n'ait guère sur le moment suscité l'intérêt de la critique, la provocation n'était pas passée inaperçue. Des groupes sionistes avaient perturbé les séances. Lors de deux entretiens récents avec Godard, le critique Jean Narboni a souhaité revenir sur cette séquence[7]. Dans le premier

4 *Le Monde* du 13 mai 2004.

5 Céline Scémama, *op. cit.,* p. 188.

6 *Ibid.* , p. 184.

7 Les deux entretiens ont été filmés par Alain Fleischer. Ils ont fait l'objet, avec d'autres, d'une édition en coffret DVD intitulée *Morceaux de conversation avec Jean-Luc Godard*, 2010, Editions Montparnasse.

entretien Narboni fait valoir prudemment qu'elle a pu être interprétée par certains comme l'affirmation selon laquelle les Juifs se comportent vis-à-vis des Palestiniens comme les nazis se sont comportés à l'égard des Juifs. Il rappelle que la séquence s'achève sur la vue d'un corps carbonisé associé à un chant arabe de déploration. Sans donner explicitement raison à ceux qui critiquent le cinéaste, Narboni escompte visiblement que Godard prenne ses distances par rapport à ce montage vieux de plus de trente ans. Il demande au cinéaste s'il changerait quelque chose si cela était à refaire. La réponse est non. Godard, contestant le reproche qui lui est fait, prétend qu'il a associé la figure d'Hitler et de Meir uniquement parce que dans des discours du Führer et de la dirigeante israélienne dont on entend les bandes son dans le film, le mot Palestine apparaît chez l'un et chez l'autre. Narboni revient à la charge en rappelant qu'il n'avait pas du tout été convaincu lorsque le philosophe Gilles Deleuze, désireux de voler au secours du cinéaste, avait soutenu que loin d'opérer un rapprochement Godard avait voulu, dans le cadre de cette séquence, au contraire marquer une différenciation. Godard refuse à nouveau de se positionner par rapport au fait qu'il ait ou non voulu opérer un rapprochement. L'entretien s'achève sur une pirouette du cinéaste qui montre qu'il est quand même sur la défensive : Godard dit en riant : « Il faut sans doute que je change d'avocat. » Dans le second entretien apparaît un élément qui n'avait été qu'effleuré lors de l'entretien précédent : Godard déclare à plusieurs reprises que cette séquence est « mauvaise ». « Elle n'a pas été bien faite artistiquement. » Cela sonne comme une autocritique…mais à caractère seulement esthétique. Godard n'explique pas comment, si c'était à refaire, il s'y prendrait.

Le premier entretien avec Jean Narboni a lieu à Rolle chez le cinéaste (DVD1) ; le second a été enregistré au Fresnoy-Studio National (DVD3)

Il y a une autre séquence tout aussi litigieuse dans *Ici et Ailleurs*. Godard fait apparaître sur l'écran deux séries de diapositives. A gauche apparaît successivement les oppresseurs : Nixon, Moshé Dayan, Golda Meir, Pinochet, Hitler, Brejnev. A chaque fois que l'une de ces diapositives apparaît, Godard fait entendre un chant militaire nazi. Inversement, à droite de l'écran, apparaissent successivement ceux qui luttent contre ces oppresseurs : Vietnamiens, Palestiniens, révolutionnaires de Mai 68, dissidents de l'Est. S'agissant des leaders israéliens, le message est d'autant plus clair que quelques instants plus tôt l'image du commandant en chef israélien Moshé Dayan était déjà apparue. Et déjà le chant nazi avait retenti.

Des textes et des déclarations

Le cinéaste ne s'est pas contenté de produire des images qui en définitive suggèrent plus qu'elles ne disent explicitement. Il a aussi développé un argumentaire précis dans des écrits et des entretiens. Dans une lettre à son ami l'écrivain et haut responsable palestinien Elias Sanbar, Godard commence par se demander « pourquoi les Allemands sont devenus à un moment donné de si grands bourreaux et les Juifs de si grandes victimes[8]. » Céline Scémama relève, à juste titre, « le venin qui se love dans une telle formulation. » La phrase sous-entend : « Il faut bien quand même qu'il y ait une justification pour que les Juifs aient été ainsi exterminés par les Allemands, la méchanceté n'est jamais gratuite[9]. » Puis Godard souligne que la volonté des Allemands (Godard parle des Allemands et non des nazis),

8 Cette lettre a été reproduite dans *Les Cahiers du cinéma,* n°300, mai 1979.

9 Céline Scémama, *op. cit.*, p. 185.

« en premier lieu évidemment de leur chef, d'agrandir leur moi à l'infini » ne pouvait que se heurter à la volonté des autres peuples, particulièrement à celle du peuple juif, incarnation de la différence. « Il fallait donc pour les Allemands non seulement l'exterminer mais le rayer de la terre, et dans un grand spectacle en plus. » Les lignes suivantes méritent d'être citées dans leur intégralité : « C'est ainsi que l'image originale du peuple juif a eu droit de cité. Mais Israël ne le dit jamais, ça : qu'il a fallu une deuxième et terrible image, celle de la folie allemande, pour conquérir ce droit d'avoir une cité, d'être cité à part entière, et que c'est un lourd héritage. Or ceci est visible dans n'importe quelle image des camps allemands, sauf là aussi si on regarde à la légère parce que c'est trop horrible à voir, trop terrible surtout d'exister uniquement à cause de la haine de l'autre. »

Et Godard d'enfoncer le clou : « Personne ne sait comment ça finira exactement au Moyen-Orient, mais on peut savoir un peu où et quand ça a commencé. La guerre actuelle au Moyen-Orient est née dans un camp de concentration le jour où un grand clochard juif avant de mourir s'est fait en plus traiter de « musulman » par un quelconque SS. Il fallait effectivement être le génie du mal pour pouvoir inoculer dans le souvenir de six millions de morts juifs le souvenir de la haine de l'autre, mais de l'autre juif cette fois, car dans trente ans le peuple juif allait rencontrer son semblable, un autre peuple juif, et sur un territoire bien précis, pas dans la nuit et le brouillard, et qui lui disait : je suis pareil à toi, je suis un Palestinien. »

Maurice Darmon relève que Céline Scémama, quand elle cite cette lettre dans son livre, fait une erreur[10]. Elle en at-

10 Maurice Darmon, *op. cit.*, p.190.

tribue la paternité à Elias Sanbar. Or la lettre est bel et bien une lettre de Godard à Sanbar… comme si Céline Scémama ne pouvait imaginer que l'artiste qu'elle admire tant, puisse être à l'origine de ce qu'elle qualifie de « raisonnement abject»[11]. Comme le résume George Didi-Huberman : « Bref, les camps nazis auraient conféré aux juifs leur « droit de cité » (…) et, par conséquent, leur droit de se comporter en nazis à l'égard des Palestiniens …Etrange droit, en vérité. L'injustice réelle faite aux Palestiniens ne mérite-t-elle pas une meilleure explication juridique ou historique, une explication plus spécifique que celle-là [12]? »

Il est vraiment insupportable que Godard soutienne un tel point de vue. Que les Juifs dispersés de par le monde, ceux qui ont pu échapper à l'extermination, aient pu obtenir un Etat à la faveur de la tragédie, n'est pas contestable. Mais c'est faire preuve d'un sentiment haineux à leur égard que de prétendre qu'Israël existe « uniquement à cause de la haine » que portaient aux Juifs leurs exterminateurs et qu'Israël ne peut que reproduire indéfiniment une haine semblable à l'égard des Palestiniens.

Richard Brody rapporte un autre propos incroyable tenu par Godard dans un entretien radiophonique consacré aux *Histoire(s)*. Selon le cinéaste « Les Allemands (…) se sont pris pour un peuple élu. Ce qui a fini par les mettre en conflit avec un autre peuple élu, qui leur a dit : « Non, excusez-nous, c'est nous, le peuple élu, et depuis bien plus longtemps que vous[13] ». » A entendre Godard, les Juifs seraient donc co-responsables de ce qui leur est arrivé. Une

11 Céline Scémama, *op. cit.,* p.184.

12 George Didi-Huberman, *op. cit.,* p.101.

13 « A voix nue », entretiens avec Noël Simsolo, *France Culture,* 1989-1998. Cité par Richard Brody, p. 664.

autre formulation de cette idée apparaît dans des notes de Godard préparatoires au tournage de son film *Allemagne 90 neuf zéro*. Parmi un ensemble de remarques qu'Antoine de Baecque qualifie de « concepts, paradoxes et aphorismes », le cinéaste a ce commentaire à propos du mot allemand « *Volk* : seul peuple à se croire peuple, comme le peuple hébreu. D'où la violence de la rencontre[14] ! »

Antoine de Baecque pose la question d'un possible antisémitisme chez Godard. Mais il ne le fait pas par rapport au contenu de la lettre à Sanbar qu'il cite pourtant largement. Il ne lui paraît pas que la thèse du film *Ici et Ailleurs* dont il estime sans détour qu'elle est que « l'Etat d'Israël fait subir aux Palestiniens ce que les Juifs ont souffert de la part des nazis pendant la Seconde Guerre mondiale[15] » puisse être considérée comme une assertion éminnement discutable. Même l'idée qu'Israël puisse être considéré comme « une forme paradoxale de résurgence historique du nazisme [16]» ne lui paraît pas choquante. Pour Antoine de Baecque, Godard simplement « est un antisioniste pessimiste : il ne croit pas la paix possible entre Israël et les Palestiniens, entre les juifs et les arabes au Moyen-Orient[17]. » *In fine* Antoine de Baecque désamorce le sujet de l'antisémitisme en ne l'évoquant qu'à propos de faits mineurs (la blague de mauvais goût dans *Deux ou trois choses que je sais d'elle* qui consiste à faire se demander par un jeune client pénétrant dans un hôtel de passe si l'hôtel a une étoile parce qu'il est réservé aux Juifs) ou à caractère privé (Godard dans un accès de colère a traité un jour le producteur Pierre Braum-

14 Antoine de Baecque, *op. cit.*, p. 698.

15 *Ibid.*, p.531.

16 *Ibid.*

17 *Ibid.*, p 532.

berger de « sale Juif », ce que l'intéressé a ensuite déclaré publiquement ne lui avoir jamais pardonné)[18].

La controverse publique

Dans son édition du 11 novembre 2009, le journal *Le Monde* a consacré une pleine page à « Godard et la question juive ». Ce qui n'était à ce jour qu'un débat agitant un cercle étroit de spécialistes de la culture devint d'un seul coup objet de polémique publique. Dans cette page, les deux articles étaient signés Jean-Luc Douin. Grand admirateur de Godard lui-même, l'écrivain journaliste avait néanmoins décidé, avec l'appui de la rédaction du journal, de crever l'abcès. Cette page fit grand bruit. Le moins qu'on puisse dire est qu'elle fut mal reçue. Pour le lecteur qui découvrait le sujet, chaque point évoqué par le journaliste aurait sans doute mérité plus d'explications. Surtout, le point de départ de l'article faisait problème. Douin s'était saisi de la parution d'un roman d'Alain Fleischer, *Courts Circuits* (Le Cherche Midi, 2009), dans lequel l'écrivain avait rapporté un propos que Godard aurait tenu devant lui. La phrase incriminée était : « Les attentats suicides des Palestiniens pour parvenir à faire exister un Etat palestinien ressemblent en fin de compte à ce que firent les Juifs en se laissant conduire comme des moutons et exterminer dans les chambres à gaz, se sacrifiant ainsi pour parvenir à faire exister l'Etat d'Israël ». Alain Fleischer, dans son livre, s'était dit bouleversé par une telle assertion. En effet mettre sur le même plan les kamikazes qui certes se sacrifient mais avec l'objectif de tuer un maximum d'Israéliens, soldats ou civils, et les millions de Juifs exterminés, lesquels n'avaient aucune intention de se sacrifier pour quelque cause que ce soit, apparaît à

18 *Ibid.*, p 532.

tout le moins comme une absurdité très offensante à l'égard des Juifs. Le problème est qu'Alain Fleischer prétendait que cette phrase avait été prononcée devant deux autres témoins. Or ceux-ci, contactés par Douin, ne corroboraient pas sa version : l'un disait être sorti à ce moment-là, l'autre disait ne plus se souvenir…

Les réactions des lecteurs du *Monde* sont vives. Le samedi 5 décembre, la médiatrice du journal, Véronique Maurus, consacre sa chronique hebdomadaire aux courriers et courriels reçus. Elle explique que l'article a suscité un vrai malaise parmi les lecteurs. « Cela sent la cabale parisienne » dit l'un. « L'article ressemble plus à un lynchage qu'à une véritable problématique » renchérit un autre. Jean-Luc Douin est sur la défensive : « Fleischer n'a pas de témoin et les proches sont gênés, mais il n'est pas invraisemblable que Godard ait dit cette phrase, ne serait-ce que par provocation. » Douin constate que poser la question du possible antisémitisme de l'artiste « choque tellement ses admirateurs que l'objet du scandale n'est plus Godard mais l'article. » Le tour pris par l'affaire est d'autant plus frustrant pour le journaliste que, dans son article, il avait précisé que, par le passé, Godard avait déjà exprimé l'idée qu'on pouvait considérer les Juifs exterminés comme six millions de kamikazes. En effet, dans un entretien qui l'avait opposé à Stéphane Zagdanski sur France Culture le 18 novembre 2004, Godard avait déclaré : « Par rapport aux camps de la mort, même quelqu'un comme Hannah Arendt a pu dire, « ils se sont laissés emmener comme des moutons ». Moi, je me suis mis à penser au contraire que c'est eux qui ont sauvé Israël[19]. »

Alain Fleischer explique : « J'ai voulu relever cela (*la phrase sur les six millions de Juifs kamikazes*) parce que

19 Céline Scémama, *op.cit.*, p. 182. Entretien consultable sur YouTube

c'est un monsieur âgé et je crois qu'il vaut mieux soulever le lièvre quand il est vivant[20]. » Dans un avant-propos consacré à un nouveau livre que Fleischer publie en 2011, (*Réponse du Muet au Parlant, en retour à Jean-Luc Godard,* Le Seuil, 2011), Maurice Olender précise : « Sans prétendre « sauver » Godard contre lui-même, le livre de Fleischer tente de désenclaver le grand cinéaste d'un destin antisémite. La banalité d'un tel destin, y compris dans l'histoire de la pensée, des sciences et des arts en Occident, constituerait une forme d'ironie noire pour un artiste dont l'œuvre a tant innové[21]. » C'est effectivement de cela dont il s'agit désormais.

A ce jour ni Godard ni ceux qui ont pris sa défense n'ont répondu à la hauteur de l'enjeu. Pour Douin : « Hautain, teigneux, Godard ne répond que par des formules obscures, métaphores savantes, films rébus[22]. » Au plus fort de la polémique, le cinéaste s'est contenté d'affirmer dans deux interviews parus dans des journaux suisses : « Si vous êtes plus du côté des Palestiniens que des Israéliens, on dit tout de suite que vous êtes antisémite ». Par ailleurs antisémite serait un mot qui ne veut rien dire parce que « tous les peuples de la Méditerranée sont sémites[23]. »

Certains de ses défenseurs trahissent un embarras certain. C'est le cas de Bernard-Henry Lévy qui se dit « ébranlé » par certaines des séquences des *Morceaux de conver-*

20 Propos d'Alain Fleischer cité par Jean-Luc Douin dans son article du *Monde* du 11 novembre 2009.

21 Maurice Olender, avant-propos, in Alain Fleischer, *Réponse du Muet au Parlant, en retour à Jean-Luc Godard,* Le Seuil, 2011, p. 8.

22 Jean-Luc Douin, *Le Monde*, 28 janvier 2011, supplément *Le Monde des Livres*, colonne 1.

23 Les deux interviews sont référencées dans l'ouvrage de Richard Brody, op. cit., p.760.

sations avec Jean-Luc Godard, mais « qui s'effraie qu'on tente de disqualifier d'un péremptoire « *Godard antisémite!* » l'œuvre entière d'un artiste considérable[24]. » C'est aussi le cas de Daniel Cohn-Bendit quand il signe dans le journal *Le Monde* une tribune intitulée « Mon ami Godard ». Cohn-Bendit refuse de dramatiser, préférant ne voir dans les déclarations gênantes du cinéaste que l'expression d'un goût immodéré pour la provocation. Pourtant Cohn-Bendit a cette phrase : « Moi je dis : Godard est un très grand artiste, comme Céline qui était antisémite mais a quand même écrit l'un des livres les plus impressionnants sur la guerre[25]. » Et il se demande « pourquoi Godard n'a de cesse de vouloir prouver à tout le monde que les juifs ne sont pas bons » ? Sa réponse est : « C'est son problème. Mais ce faisant, il pose quand même une bonne question[26]. » Voilà qui est pour le moins indulgent. Godard est un homme public. « Vouloir prouver à tout le monde que les juifs ne sont pas bons » ne saurait être seulement le problème de Godard.

Cohn-Bendit évoque ce que Godard aurait dit à Romain Goupil : « Quand j'étais enfant, je marquais les avancées de la Wehrmacht avec de petits fanions. Toi, Romain, tu viens d'une famille communiste et tu as eu d'autres jeux. Et Dany vient d'une famille d'émigrants juifs. C'est toute la différence, voilà pourquoi nous sommes devenus ce que nous sommes[27]. » Cette phrase suggère que le milieu dans lequel Godard a passé son enfance, lui rendrait particulièrement difficile la tâche de se départir de tout sentiment antisé-

24 Bernard-Henry Lévy, « Godard et l'antisémitisme, pièces additionnelles et inédites », *Blog - La Règle du jeu,* 6 avril 2010.

25 Daniel Cohn-Bendit, « Mon ami Godard », *Le Monde,* 26 et 27 décembre 2010.

26 *Ibid.*

27 *Ibid.*

mite. Mais par ailleurs Cohn-Bendit affirme que « Godard est quelqu'un qui s'empare de tout ferment révolutionnaire pour surmonter sa propre histoire[28]. ». En toute logique, la quête éperdue de la distanciation d'avec son milieu familial devrait conduire le cinéaste à se montrer extrêmement vigilant par rapport à tout ce qui par atavisme familial pourrait l'incliner vers des points de vue anti-juifs.

D'autres défenseurs de Godard se disent, quant à eux, absolument pas troublés. C'est le cas d'Olivier Séguret qui signe dans le journal *Libération* un compte-rendu particulièrement critique du livre de Fleischer (*Réponse du Muet au Parlant)* qu'il juge « théoriquement trop faible et souvent très perfide ». Mais Séguret se dispense de réfuter précisément l'ouvrage. L'essentiel de sa critique consiste à déplorer que l'antisémitisme soit mis à toutes les sauces par « le diabolique monde médiatique moderne et sa propension à tout confondre et amplifier ». Pour Séguret, Godard n'est nullement antisémite, seulement un antisioniste virulent[29].

D'autres défenseurs font preuve d'un argumentaire particulièrement tarabiscoté. Michael Witt, auteur d'un livre sur Godard historien du Cinéma, ouvrage particulièrement informé et extrêmement riche sur le plan iconographique, s'efforce de retourner complètement ce que le rapprochement dans le corpus godardien des mots « juif » et « musulman » a de choquant. D'abord Michael Witt y voit une validation de la fonction prémonitoire que Jean-Luc Godard attribue au cinéma « dans la mesure où l'apparition du mot « Musulman » dans les camps de concentration peut être interprété avec le recul comme un indicateur anticipatoire de

28 *Ibid.*

29 Olivier Séguret, « Nouvelle salve contre Godard », *Libération*, le 8 mars 2011, p. 30 et 31.

l'Histoire turbulente (!) que connaît le Moyen-Orient[30]. » Puis, prétendant que l'usage que fait Godard du terme musulman est très proche du travail du philosophe Giorgio Agamben qui a « mis en évidence les différents stades du processus de dégradation des Juifs aux mains des nazis : le Juif transformé en déporté, puis en prisonnier, puis en musulman », Witt soutient que Godard a vu dans le Juif transformé en musulman « le témoin ultime des atrocités de l'Holocauste que le cinéma n'a pas été capable d'être[31]. » De la sorte le rapprochement éminemment litigieux se mue en illustration de l'extrême responsabilité éthique que fait peser Godard sur le cinéma…Comprenne qui pourra.

Maurice Darmon a, quant à lui, publié en 2011 un ouvrage, *La Question juive de Jean-Luc Godard*, tout entier consacré à laver Godard de l'accusation d'antisémitisme. Il est intéressant d'en décortiquer l'argumentaire.

Un ouvrage en défense

Pour Darmon, Godard est même tout le contraire d'un antisémite. « Cet homme, avec qui il est si bon d'être en désaccord, se relie sans trêve aux grands Juifs de la littérature, du cinéma, de la science, connaît les Ecritures mieux qu'un clerc protestant[32]. » L'homme est « (…) nourri par tout ce que la pensée juive, avant et après Auschwitz, a produit de meilleur et d'unique (…)[33]. » « Toute son œuvre est si hantée, habitée, peuplée par l'extermination qu'il ramène bien

30 Michael Witt, *Jean-Luc Godard, Cinema Historian, op. cit.*, p. 185.

31 *Ibid.,* p.185-186.

32 Maurice Darmon, *La Question juive de Jean-Luc Godard, op. cit.*, p.163.

33 *Ibid.*, p.170.

des images à elle[34]. » « (…) l'extermination l'aura mis, sa vie durant, devant cette réalité, non visible elle, de tant de gens mourir si mal, ce qu'il ne finira jamais de regretter, au point d'y associer l'extermination du cinéma, c'est-à-dire le sens de son existence[35]. » Le ton est dithyrambique. Pour Darmon, quand Godard dit « Je suis un Juif du cinéma », « l'expression est à prendre au pied de la lettre : cet homme voudrait être pour le cinéma rien de moins que ce qu'il suppose être le génie juif pour la pensée : son assise[36]. » Il s'ensuit que la colère de Godard à l'égard d'Israël, serait-elle parfois excessive, n'est au fond que l'expression d'une immense déception, l'homme si amoureux de la pensée juive ne pouvant accepter « (…) une nouvelle barbarie, où une armée, un Etat juifs sont des acteurs directs et responsables[37]».

Pour Darmon, Godard vise seulement à produire un *big bang* chez les Juifs d'aujourd'hui pour les faire s'élever contre la politique de répression, de colonisation et d'occupation que mène leur gouvernement[38].

Darmon se déclare à peu près en accord sur tout avec Godard à quelques réserves près : par exemple il se dit choqué quand le cinéaste porte un point de vue seulement esthétique sur les lanceurs de pierre de l'Intifada décrits comme des danseurs (p.131) ; il regrette que Godard ignore le mouvement de résistance en Israël même à la politique oppressive de l'Etat juif, celle du « mouvement pour la paix » hier, celle de nombreux artistes aujourd'hui (p. 170).

34 *Ibid.,* p. 163.

35 *Ibid.*, p. 164.

36 *Ibid.*, p. 129.

37 *Ibid.*, p. 167.

38 *Ibid.*, p. 168.

Mais comment Darmon traite-t-il les images et les déclarations les plus dérangeantes du cinéaste ? Le propos alors se brouille. Par rapport à la fameuse juxtaposition des images Adolf Hitler/Golda Meir, Darmon commence par exposer ce qu'il juge être au cœur de la théorie du montage chez Godard. « Quand Godard juxtapose deux images, c'est pour les comparer dans ce que chacune isolément ne possède pas, pas davantage que deux silex ne contiennent l'étincelle qu'ensemble ils provoquent pourtant[39]. » Dès lors « Si dans *Ici et Ailleurs* (1974), Godard rapproche l'image de Golda Meir de celle d'Hitler, c'est certainement pour allumer un incendie sous notre fauteuil, mais sûrement pas pour nous amener à l'impossible indifférence de l'équivalence, nous signifier stupidement que Golda Meir est le nouvel Hitler et qu'elle prépare la même extermination que lui sur ses voisins[40]. » Darmon s'exprime en négatif : ce n'est sûrement pas ça que « l'incendie sous notre fauteuil » signifie. Il eût été plus explicite de nous dire alors en positif ce que cet « incendie » signifie effectivement.

Par rapport à la fameuse lettre à Elias Sanbar, Darmon en commente différents paragraphes tantôt les appuyant tantôt s'en distanciant sur certains points. Ainsi consacre-t-il un chapitre entier à expliquer comment l'appellation « musulman » a été utilisée dans les camps. Il apparaît que le terme n'a pas seulement concerné les Juifs et qu'il provient non des SS mais des détenus eux-mêmes. Maurice Darmon en conclut que cela brouille « quelque peu les conclusions que Godard se croit en droit de formuler ». Cependant ce chapitre s'achève sur le constat que « (...), partant de ces vérités, Godard ne verrait pas de raison majeure à changer son propos, qui trouve ailleurs que dans la lexicologie ses

39 *Ibid.,* p. 128

40 *Ibid.,* p. 128.

puissantes racines[41]. » Finalement, Darmon ne trouve rien à redire dans la lettre à Sanbar quant à la formulation godardienne selon laquelle Israël existe « uniquement à cause de la haine de l'autre » ni au propos selon lequel les nazis seraient parvenus à « inoculer dans le souvenir de six millions de morts le souvenir de la haine de l'autre».

Le plus déroutant est sans doute l'argument ultime sur lequel Darmon s'appuie pour exonérer Godard de tout soupçon d'antisémitisme. En 2007 Jacques Mandelbaum a publié un ouvrage consacré à Godard dans lequel il consacre une page à la « question juive [42]». Mandelbaum ouvre cette page en soulignant sa volonté de ne pas passer sous silence, « à la différence de beaucoup des exégètes du cinéaste », cette question qui « travaille de longue date le cinéma de Jean-Luc Godard, de manière particulièrement urticante ». Mandelbaum cite le montage juxtaposant Meir et Hitler et l'articulation « Juif / Musulman ». Le critique récuse ces rapprochements. Il y a là, écrit-il, « une ellipse sur la nature des crimes commis et subis ». Mais Mandelbaum s'appesantit surtout sur un entretien donné par Godard au journal *Le Monde* à propos de son film *Notre Musique* (2004) dans lequel un poète palestinien dit que les Israéliens sont au centre du monde. Godard explique : « Que veut dire le centre du monde ? Moi, je comprends ça. Il y a chez les Israélites quelque chose de très original, mais dans cet original ils ont introduit l'idée d'origine. L'origine, ça veut dire on est les premiers. Ils ont théorisé cela, et c'est donc tout à fait normal qu'il leur soit arrivé ce qui leur est arrivé, et c'est parce que ça leur est arrivé qu'ils ont pu le théoriser[43]. » Godard reste allusif. Une fois encore il suggère. Qu'est ce qui leur est arri-

41 *Ibid.*, p. 136.

42 Jacques Mandelbaum, *Jean-Luc Godard,* éd. Le Monde / Les Cahiers du Cinéma, 2007, p. 64.

43 *Le Monde,* 13 mai 2004.

vé ? Evoque-t-il l'Histoire des Juifs en tant que communauté particulière, leur culture spécifique et/ou leur mise à l'écart, le rejet jusqu'à l'extermination ? La phrase suggère fortement le pire, une responsabilité des Juifs dans le fait que la Shoah se soit abattue sur eux.

Devant ce gouffre, Jacques Mandelbaum recule. « Davantage que les implications historico-théologiques de cette explication, on est tenté de retenir ici l'appropriation par Godard du destin juif appliqué à l'histoire du cinéma. Il suffirait, selon une méthode chère à Godard, de remplacer dans cette citation le mot « Israélites » par celui de « Godard », pour retrouver les questions qui marquent son propre destin : celle des origines et de la marge ; émettons alors cette hypothèse qu'à l'ombre de ce terrain durablement quadrillé par les noms « juif » et « palestinien », Godard, en amateur, si l'on ose dire, de challenge sportif, ne nous parle en fait que de lui-même[44]. »

Maurice Darmon fait son miel de cette hypothèse. C'est à ses yeux « une vraie hypothèse qu'il convenait certes de documenter, détailler, analyser et creuser [45]». Il réécrit intégralement la phrase du cinéaste telle que Mandelbaum propose de l'amender. Cela donne : « Que veut dire le centre du monde ? Moi, je comprends ça. Il y a chez moi quelque chose de très original, mais dans cet original j'ai introduit l'idée d'origine. L'origine, ça veut dire je suis le premier. J'ai théorisé cela, et c'est donc tout à fait normal qu'il me soit arrivé ce qui m'est arrivé, et c'est parce que ça m'est arrivé que j'ai pu enfin le théoriser[46]. » Qu'est-ce qui lui est arrivé et qu'il a pu théoriser ? Pour Darmon c'est le fait qu'il n'a pas été compris et reconnu. Son public s'est réduit « à une poignée de routards

44 Jacques Mandelbaum, *op. cit.*, p. 64.

45 Maurice Darmon, *op. cit.*, p. 157-158.

46 *Ibid.*, p. 159.

cinéphiles qui refusent obstinément de prendre du poids et de l'âge[47]».

Le problème avec cet argumentaire, c'est que la substitution Israélites/Godard ne marche pas dans d'autres phrases tout aussi litigieuses, par exemple dans la phrase où Godard évoque le conflit inévitable entre les Allemands qui se sont pris pour le peuple élu et un autre peuple qui leur a dit : « Non, excusez-nous, c'est nous le peuple élu, et depuis bien plus longtemps que vous. » Or les deux phrases suggèrent la même chose : la part de responsabilité des Juifs dans leur tragique destin. Les « implications historico-théologiques » ne sauraient donc être aussi facilement écartées au profit du « challenge sportif ».

Enoncée par Mandelbaum à l'issue d'une page où le sujet de « la question juive » n'est finalement qu'effleuré, l'hypothèse fait un peu figure de pirouette. Reprise en fin d'ouvrage par Darmon et présentée comme l'argument ultime pour disculper Godard, elle paraît vraiment faible. Darmon fait partie de ces cinéphiles dont la sensibilité a été modelée par le cinéma godardien. « L'œuvre de Godard aura été tout ce temps irremplaçable dans la constitution de nos univers perceptifs, sensoriels et symboliques[48]. » Interprète du carré de cinéphiles qui lui sont fidèles depuis le début, sa défense du cinéaste a valeur identitaire. Darmon explique que les attaques contre Godard ne peuvent pas l'atteindre, car l'amour porté au cinéaste sera toujours le plus fort. « Si nous demeurons auprès de lui (…) c'est que (…) nous avons décelé à temps les postures et la dérision sous les formules (si peu) politiques et schématisations idéologiques, pour prestement nous protéger de ses glissades avant qu'elles ne nous blessent, les désamorçant

47 *Ibid.*

48 *Ibid.*, p. 160.

comme autant de provocations fertiles[49]. » Autrement dit, quoique dise Godard, nous ferons en sorte d'interpréter toujours ses propos positivement…

Alors Godard antisémite ?

Au fil des ans, des voix se sont élevées, pour n'en citer que quelques-unes, celles de Michèle Cohen-Halimi, Francis Cohen, Claude Lanzman, Gérard Wacjman, Stéphane Zagdanski et puis celles, citées dans cet ouvrage, de Richard Brody, Jean-Luc Douin, Georges Didi-Huberman, Alain Fleischer, Jacques Mandelbaum, Jean Narboni, Céline Scémama. Ces voix d'auteurs et de créateurs, qui, pour beaucoup, sont des admirateurs du travail de création de Jean-Luc Godard, ont diversement œuvré pour que les questions posées ne restent pas sans réponse. Non sans hésitations. En 2012 Jean-Luc Douin publie *Jean-Luc Godard, dictionnaire des passions*. A l'entrée « Juif » de ce dictionnaire, il liste un ensemble de propos godardiens dont il souligne l'énormité et constate que ceux-ci « suscitent doute et consternation chez ses thuriféraires[50]. » Mais, sans doute ébranlé par les réactions que ses articles publiés dans *Le Monde* du 11 novembre 2009, avaient suscitées, Douin conclut : « Ces « sorties » se justifient par son antisionisme acharné. Sa volonté farouche de « rendre visible » l' « l'invisible peuple palestinien». Antisémite pour autant ? C'est une autre histoire, à laquelle on ne veut, on ne peut pas croire. Cette suspicion injuste au regard des images que le cinéaste a par ailleurs consacrées à l'Holocauste, sans ambiguïté, n'est alimentée que par de douteuses blagues de

---

49 *Ibid.*

50 Jean-Luc Douin, *op. cit.,* p. 216.

potache (…)[51]. » Douin se range cette fois derrière Antoine de Baecque. Il achève étrangement son commentaire en citant Godard, lui-même citant Maurice Blanchot dans son étude sur *la Mort de Virgile* d'Hermann Broch : « Si l'on parvenait à me comprendre, c'est alors que je me serais mal exprimé[52]. »

Le problème est que le mot antisémite est le gros mot par excellence depuis la fin de la Seconde Guerre mondiale. Si Bernard-Henri Lévy prend la plume pour conjurer son lectorat de ne pas trop vite conclure à l'antisémitisme de son ami en dépit des questions qu'il reconnaît lui-même se poser, c'est qu'il est le premier à savoir combien le mot est dévastateur quand il est lâché. Et c'est vrai que le mot a ceci de caricatural qu'il postule une complicité entre celui qui est ainsi estampillé et les exterminateurs, ceux qui les ont soutenus durant la Seconde Guerre mondiale et ceux qui s'en font encore les complices aujourd'hui, révisionnistes, djihadistes et extrémistes arabes ou iraniens qui veulent rayer Israël de la carte. Or Godard n'a évidemment rien à voir avec les négationnistes : les *Histoire(s)* sont toute entière une immense déploration de l'extermination posée comme évènement central de l'Histoire du XXème siècle dont l'ombre portée affecte encore l'ensemble du présent. Pour la clarté du débat il est donc certainement préférable d'écarter le mot antisémitisme. Mais la réalité d'un ensemble de considérations choquantes à l'égard d'Israël, parfois à l'égard des Juifs en général et de certains Juifs en particulier, est indéniable et inexcusable.

51 Jean-Luc Douin, *op. cit.*, p. 217.

52 *Ibid.*

*

L'aura de Godard a beaucoup décliné. Elle n'est plus celle d'il y a vingt ans et encore moins celle d'il y a cinquante ans. Mais on ne saurait sous-estimer l'impact proprement politique que l'œuvre et l'homme ont eu ces cinquante dernières années et qu'ils sont encore susceptibles d'avoir auprès des nouvelles générations qui se tournent vers le cinéma. Le cas Godard repose la question classique de la responsabilité de l'artiste engagé. Il arrive en France que certains créateurs soient vivement interpellés suite à leurs prises de position publiques ou par rapport au contenu de leur production. Que l'on songe par exemple à Michel Houellebecq qui, dans le passé, eut à répondre de ses provocations sur l'Islam ou à propos du tourisme sexuel. Dans le cas Godard il semble que son appartenance reconnue et revendiquée au camp progressiste ait suffi jusqu'à aujourd'hui à lui éviter d'être véritablement mis en demeure de s'expliquer.

Comment ne pas s'étonner que ses propos les plus offensants aient fait l'objet d'une telle mansuétude ? Les mêmes propos et arguments sous la plume ou dans la bouche d'une personnalité identifiée à droite ou à l'extrême-droite auraient depuis longtemps suscité une très large réprobation et probablement des plaintes en justice. Mais dès lors qu'il s'agit de Godard, nombreux sont les universitaires, critiques ou simples cinéphiles qui minimisent, quand ils n'approuvent pas l'indéfendable.

-12-
Pauvre Europe

Pour Godard, après-guerre, de même que le cinéma européen a été progressivement détruit par Hollywood en dépit des sursauts qu'ont représentés le néo-réalisme italien et la *Nouvelle Vague*, les nations européennes ont été englouties sous le joug de la domination américaine.

A l'appui de cette thèse, plusieurs arguments sont mis en avant et mis en scène. D'abord Godard trace de multiples parallèles entre l'Allemagne nazie et les Etats-Unis. Rappelons qu'au temps de la guerre froide, quand Godard était jeune homme, les communistes français faisaient campagne sur le thème « Truman nouvel Hitler ». En France le slogan ne choquait pas outre mesure. Dans un entretien avec Noël Simsolo, Godard affirme : « Ce virus, se prendre pour le peuple élu de l'Europe, l'Allemagne l'a transmis à l'Amérique[1]. » Il en a résulté la substitution d'une domination à une autre. Pour Godard l'Europe n'a pas été libérée. Elle a été à nouveau envahie. Dans *Film Socialisme (2010)* il fait dire à une jeune femme une phrase de l'écrivain italien Malaparte, dont on verra plus loin dans quel contexte précis

1 « A voix nue », entretiens avec Noël Simsolo, France Culture, 1989-1998. Cité par Richard Brody, p.664.

l'auteur l'avait écrite : « Cette pauvre Europe non pas purifiée mais corrompue par la souffrance, non pas exaltée mais humiliée par la liberté reconquise. »

Puisque les nations européennes sont sous la coupe de la dictature US, l'écroulement du rideau de fer n'a pas été un heureux évènement. Certes Godard ne peut être soupçonné de complaisance à l'égard des « régimes révisionnistes » de l'Est. L'ancien maoïste du groupe Dziga Vertov a pu voir dans la fin de ces régimes l'aboutissement de leur politique de restauration capitaliste. Le problème est qu'il ne voit que cela. La fin de la dictature, les libertés retrouvées l'indiffèrent. Le cinéaste appréhende la réunification de l'Allemagne uniquement sous l'angle de l'agrandissement du marché capitaliste (*Allemagne 90 neuf zéro (1991)*).

De surcroît la fin des « socialismes » européens a ouvert une période de terribles convulsions, notamment dans les Balkans avec la désintégration de l'ex-Yougoslavie. Godard est prompt à dénoncer à juste titre l'impuissance de l'Europe à faire cesser les guerres successives et les massacres à sa porte. Mais lorsque finalement l'OTAN intervient et parvient à imposer une paix précaire, le cinéaste s'en prend à cette intervention dans *Eloge de l'amour (2001)* et *Notre Musique (2004)*.

Amérique, Allemagne nazie : blanc bonnet, bonnet blanc

Dans le flot des citations en plusieurs langues qui font des films tardifs des rébus difficilement pénétrables, on trouve toutefois certaines phrases parfaitement audibles et dont la signification est tout à fait claire. Godard a d'ailleurs coutume de dire que lorsqu'il veut que quelque chose soit vraiment entendu, il s'arrange pour que cela le soit. Souvent de telles phrases ont un contenu explicitement politique.

Dans *Allemagne 90 neuf zéro*, de telles phrases tout à fait compréhensibles sont empruntées à un ouvrage de Jean Giraudoux, *Siegfried et le Limousin.* Giraudoux est un de ces écrivains quelque peu oubliés que Godard aime citer dans ses films. Jean Narboni précise que Giraudoux est « ici sollicité comme écrivain politique, ce qu'il fut et voulut être, lui qui (...) se proposait entre les deux guerres de réconcilier les deux seules et grandes nations d'Europe à ses yeux, les sœurs trop longtemps ennemies France et Allemagne[2]. » Narboni explique : « (...) antisémite bon teint et farceur, (Giraudoux) estimait en 1939 que tout se résoudrait pour le mieux en France si le pays parvenait à conjurer ses démons intérieurs, ne voyant rien venir, jusqu'à la conflagration, de l'horreur qui s'annonçait[3]. »

Richard Brody est plus précis : « Bien qu'opposé à l'Occupation, et bien qu'il fût un antinazi au-dessus de tout soupçon, Giraudoux a formulé, peu avant l'invasion allemande, une cinglante accusation de la situation nationale, dans un livre intitulé *Pleins pouvoirs*. Il y dénonce l'influence grandissante de l'Amérique et la présence de plus en plus importante de réfugiés juifs d'Europe de l'Est. Même s'il n'exprime aucune tendresse pour l'Allemagne nazie, ses principales cibles sont bien les mêmes que celles des nazis. Giraudoux n'est pas un collaborateur de fait, mais, en dénonçant les mêmes ennemis que l'idéologie allemande, il suggère que l'Allemagne est capable de donner des leçons politiques à la France[4]. »

---

2 Jean Narboni, « Tous les autres s'appellent Meyer », *Revue Trafic*, n°3, été 1992, p. 57.

3 *Ibid.*

4 Richard Brody, *op. cit.,* p. 640.

Siegfried et le Limousin est paru en 1922. Le roman est une sorte de fable. Un soldat français, écrivain, est récupéré, blessé, par les Allemands durant la guerre des tranchées. Amnésique, il se réveille dans la peau d'un Siegfried Von Kleist qui écrit dans la presse allemande et devient un personnage important de l'Etat germanique. La leçon de la fable est que « L'homme aux deux patries, démontre, par ses qualités immuables, en dépit du changement d'uniforme, qu'il n'est pas de divergence entre les peuples qui vaille une guerre[5]. »

Compte tenu du goût de Godard pour Giraudoux et du sujet d'*Allemagne 90 neuf zéro*, il n'est guère surprenant que le cinéaste l'ait cité à plusieurs reprises. Mais, surprise, la plus longue citation extraite de *Siegfried et le Limousin* se rapporte aux Etats-Unis : « Les Etats-Unis n'imaginent pas d'autre guerre que la guerre civile. C'est toujours eux-mêmes et celui de leurs défauts que personnifie la nation ennemie qu'ils combattent dans chaque guerre. Ils appellent guerre une crise morale. Quand ils étaient anglais ils se battaient avec les Anglais ; dès qu'ils ont été américains ils se sont battus entre Américains ; le jour où ils ont été suffisamment germanisés dans leurs mœurs et leur culture, ils se sont rués contre les Germains. Le premier américain qui fit un prisonnier en 1917, s'appelait Meyer, et son prisonnier aussi[6]. »

Ecrit au lendemain de la Grande Guerre le propos peut éventuellement faire sourire. Narboni voit dans cette saynète d'un Meyer faisant prisonnier un autre Meyer une scène qui aurait pu figurer dans *Charlot soldat*. Il estime qu'en

5 Avant-propos à l'édition de 1959 de *Siegfried et le Limousin* aux éditions Grasset.

6 Jean Giraudoux, *Siegfried et le Limousin,* op. cit., p.137 ; *Jean-Luc Godard, Allemagne neuf zéro*, P.O.L, p. 47-48.

prélevant cet extrait dans le roman de Giraudoux, Godard nous met sur la piste « d'un jeu rapide et savant de la coïncidence des opposés et de la scission introduite au cœur de l'identique[7] ». Le problème est que les phrases d'un roman de Giraudoux publié en 1922 inclues dans un film de 1991 se trouvent lestées de toute l'Histoire du vingtième siècle. Par ailleurs, dès lors que l'auteur n'est pas cité, il convient de considérer, indépendamment de la question éthique que cela pose, que Godard exprime là sa propre pensée. Si donc « c'est toujours eux-mêmes » que les Américains « combattent dans chaque guerre », la Seconde Guerre mondiale a consacré l'identité des Américains et des nazis.

Quelle Libération ?

Dans *Allemagne 90 neuf zéro* il est dit que c'est un Américain qui un soir d'ivresse a tué Webern[8]. Godard rappelle cet épisode de la disparition du compositeur à plusieurs reprises dans des interviews. Il a même voulu un temps en faire le point de départ de son film *For Ever Mozart* (1996). Manifestement Godard veut voir dans ce fait divers tragique mais banal en temps de guerre un condensé de l'inculture américaine assassinant la haute culture du Vieux continent. Antoine de Baecque résume : « L'Amérique n'a pas que libéré la France, puis l'Europe occidentale, elle les a aussitôt occupées, y tuant l'art pour le remplacer par sa culture. C'est la thèse développée par Godard dans ce synopsis intitulé *For Ever Mozart*, racontant le retour à Vienne, cinquante ans plus tard, du soldat américain qui, héros du débarquement, a tué d'un coup de feu, par une nuit d'ivresse

---

7 Jean Narboni, *op. cit.*, p. 54.

8 Schoenberg, Berg et Webern sont les trois grands compositeurs de l'Ecole de Vienne du début du vingtième siècle.

dans la capitale viennoise, le compositeur Anton Webern[9]. »

Dans *Film Socialisme* (2010) Godard cite plusieurs phrases provenant de l'écrivain italien Curzio Malaparte. Les phrases en question sont : « La peste éclata dans Naples le 1er octobre 1943, le jour même où les armées alliées entrèrent dans cette malheureuse ville. La liberté coûte chère mais on ne l'achète pas avec l'or ni le sang mais avec la lâcheté, la prostitution et la trahison. Les Nord-Américains pouvaient-ils prétendre libérer les peuples et les obliger dans le même temps à se sentir vaincus ? ». Il s'agit là d'un montage de phrases tirées du premier chapitre intitulé *La Peste* de l'ouvrage de Malaparte *La Peau* paru en 1949[10]. Lorsque, dans un entretien dans *Télérama* du 12 mai 2010, Daniel Cohn-Bendit dira à Godard que ce passage du film l'a questionné, le cinéaste se dédouanera, comme à son habitude quand un contradicteur lui oppose une citation qu'il s'est appropriée en n'en citant pas l'auteur : « Ce n'est pas moi qui le dis, c'est Malaparte[11]. »

Ce que le spectateur ne sait pas (le saurait-il qu'il lui faudrait une extraordinaire acuité d'esprit pour mobiliser dans l'instant ce savoir), c'est d'abord que la peste dont parle l'écrivain italien, est une métaphore. Par celle-ci l'écrivain dénonce la veulerie, sous toutes ses formes, des vaincus et des vainqueurs au sortir d'une guerre. Par ailleurs l'Etat et l'armée italienne sous l'autorité de Mussolini étaient les alliés d'Hitler. Même si en 1943 les Italiens se retournent contre leur tyran et s'allient aux Américains contre l'Allemagne, Malaparte, officier italien, lui, considère que son pays a été vaincu. Godard tire à lui Malaparte pour affirmer

9 Antoine de Baecque, *op. cit.*, p.741-742.

10 Curzio Malaparte, *La peau*, Folio, 2012, p. 17-59.

11 *Télérama* du 12 mai 2010.

que le débarquement des troupes américaines en Europe a correspondu à une guerre de conquêtes. Lors d'un débat public organisé en 2003 par « Les Ecrans citoyens », Godard résume lapidairement cette idée de la substitution de la domination US à la domination nazie en déclarant : « L'Italie a été complètement détruite par la mafia et l'armée américaine, Malaparte, par exemple, l'a très bien raconté[12]. »

Victoire d'Hitler

Dans *La question juive de Jean-Luc Godard*, ouvrage dans lequel Maurice Darmon, comme nous l'avons vu au chapitre précédent, s'efforce de laver le cinéaste de tout soupçon d'antisémitisme, l'auteur achève son plaidoyer par la reprise *in extenso* d'un article du penseur et théologien protestant Jacques Ellul. C'est un article daté du 23 juin 1945 intitulé « Victoire d'Hitler ? ». Un tel choix ne manque pas de déconcerter tant le propos d'Ellul paraît de prime abord déconnecté de l'objectif poursuivi par Darmon. Dans cet article, Jacques Ellul prétend qu'Hitler, défait militairement, est en passe d'avoir vaincu sur le plan moral et politique. Pour l'abattre, les alliés l'auraient copié jusqu'au bout. Or, écrit Ellul, il est parfaitement illusoire de penser qu'un Etat, quel qu'il soit, abandonnera le pouvoir qu'il a conquis. Déjà « l'emprise de l'Etat sur la vie économique est un fait acquis et on s'oriente vers une dictature économique dans le monde entier[13]. » Une mentalité « pré-fasciste » s'est installée durablement dans les esprits. Au lieu de retrouver la liberté, les peuples sont prêts à s'en remettre

12 Jean-Luc Godard, René Vauthier, « Au nom des larmes dans le noir », *Echange sur l'histoire, l'engagement, la censure,* Jean-Luc Godard Documents, Ed. du Centre Pompidou, 2006, p. 399.

13 Maurice Darmon, *op. cit.,* p. 180.

à des « dictatures camouflées ». « Partout on demande (…) que cette dictature que l'on accepte implicitement soit totalitaire, c'est-à-dire qu'elle saisisse l'homme tout entier, corps, esprit, cœur pour le mettre au service de la nation de façon absolue[14]. »

L'article d'Ellul n'est pas polarisé sur la puissance acquise par les Etats-Unis. Mais dans cette nuit qui s'avance où l'Etat est tout et l'individu n'est rien, il va de soi que l'Etat américain joue le premier rôle dans le monde occidental. Là s'éclaire ce que la reproduction de cet article pouvait avoir d'étonnant. En reproduisant cet article soixante-cinq ans plus tard, Darmon nous signifie qu'à ses yeux ce texte jugé par lui prémonitoire est parfaitement en phase avec la vision godardienne du monde né de la Seconde Guerre mondiale. Darmon énumère les objectifs nazis qui auraient été atteints en dépit de l'écrasement de l'Allemagne. Même après l'extermination, l'antisémitisme demeure, parfois même dans des zones où les Juifs ont quasiment disparu. De nouveaux génocides (Union Soviétique, Cambodge, Bosnie, Rwanda et d'autres encore) ont eu lieu, la communauté internationale étalant son impuissance. Rien n'a donc changé tandis que d'immenses nouveaux périls pointent.

Dans *Adieu au langage (2014)*, Godard fera lui aussi directement référence à Ellul. Il citera un livre de Jean-Luc Porquet dans lequel le théologien est crédité d'avoir prévu toutes les catastrophes modernes[15]. Conclusion de Godard : « Le vaincu par les armes a vaincu politiquement. »

Lorsqu'a reflué le gauchisme dans les années soixante-dix, les « nouveaux philosophes » (Bernard-Henri Lévy, An-

14 *Ibid*, p. 182.

15 Jean-Luc Porquet, *Jacques Ellul, l'homme qui avait (prèsque) tout prévu.* Le Cherche Midi, 2012

dré Glucksmann) et beaucoup d'autres qui s'étaient identifiés aux idées de changement politique par la violence, ont redécouvert la démocratie. En faisant ce choix, les « révolutionnaires » se sont rangés à l'idée que, quels que soient les critiques et les désaccords que puissent avoir les Européens avec les Etats-Unis, il existe une différence de nature entre les régimes démocratiques occidentaux et les dictatures fascistes, communistes, théocratiques ou militaires de par le monde. Godard, lui, a refusé de prendre ce tournant. Il n'a cessé de continuer à prétendre qu'à la suite de la chute du nazisme, les Européens n'ont fait qu'échanger une dictature contre une autre. Alors que la dictature nazie ne pouvait que courir à sa perte, comme ne pouvaient que finir par se désagréger les dictatures de l'Est, la dictature du capitalisme US, elle, s'est installée pour longtemps. Le libérateur du nazisme n'a été que son continuateur. Et Hollywood a été le vaisseau amiral de cette invasion des cœurs et des esprits qui a anéanti notre liberté et notre culture.

Allemagne 90 neuf zéro (1991)

En 1989, la chaîne de télévision Antenne 2 propose à Jean-Luc Godard de réaliser un film sur la solitude. Godard accepte en précisant qu'il ne traitera pas de la solitude d'un individu mais de la solitude d'un Etat, l'Allemagne de l'Est. A peine le contrat est-il signé que le Mur tombe. La réunification de l'Allemagne est scellée dans la foulée. L'Histoire avec un grand H est venue rappeler au cinéaste qu'il n'y avait pas une nation est-allemande et une nation ouest-allemande mais une seule Allemagne.

Allemagne 90 neuf zéro entre pleinement dans la catégorie des films-essais de la dernière période de création godardienne. Y sont amalgamés, comme dans *Histoire(s) du cinéma* dont ce film peut être considéré comme un prolongement direct, des séquences filmées par Godard, des extraits de films et des images d'actualité, certaines se rapportant à la Seconde Guerre mondiale, d'autres se rapportant aux guerres qui ravagent l'ex-Yougoslavie dans les années quatre-vingt-dix, le tout sur fond de très beaux extraits musicaux et de propos énoncés hiératiquement par les personnages ou en voix off.

D'emblée le spectateur est saisi par une sorte de hauteur de ton. La beauté des plans, leur lumière, le caractère sombre et très intériorisé du propos créent une atmosphère d'une grande intensité.

Le cinéaste ne se contente pas de plonger son spectateur dans un climat de mélancolie profonde. L'effet produit est celui d'une sidération. De quoi s'agit-il ? Ai-je bien compris ? Qu'est-ce qui vient d'être dit ? Autant de questions que ne peut manquer de se poser le spectateur…sans pouvoir espérer obtenir de réponse, puisque la musique ou la superposition de plusieurs voix rendent les propos souvent inaudibles tandis que le recours fréquent à l'allemand, à l'anglais et parfois au russe, sans sous-titrage, rendent de nombreux passages incompréhensibles pour qui n'est pas polyglotte. Dès lors, ou bien le spectateur d'emblée fait faux bond. C'est clairement le choix très majoritaire du public qui ces dernières années a déserté les quelques salles programmant Godard, ou bien il s'abandonne au cinéaste lui reconnaissant tout pouvoir de l'entraîner où il veut, considérant que peu lui importe de comprendre. Troisième attitude possible : partir à la recherche d'un sens difficile à décrypter mais sans lequel la notion d'œuvre disparaît.

Pourquoi la compréhension d'un film n'exigerait-elle pas un travail, des lectures, des recherches au-delà de la seule vision du film ? Face aux obscurités qui tapissent les films-essais godardiens comme des mines, il y a matière à décryptage, à tester des hypothèses, à voir et à revoir. Il est vrai que s'agissant d'*Allemagne 90 neuf zéro*, la tâche est particulièrement ardue. Godard y oppose une Allemagne rêvée, celle de la grande culture allemande littéraire, philosophique, musicale et cinématographique à l'Allemagne d'aujourd'hui. L'Allemagne rêvée amène à la surface du film une foule de citations extraites de Goethe, Hegel, Hölderlin, Kant, Mann, Novalis, Schopenhauer, Rilke ainsi que des références aux lieux, aux maisons, aux places où ces auteurs ou leurs œuvres se rattachent[16]. Même un germaniste professeur d'université n'y retrouverait pas ses petits. Comme l'écrit Lucie Degas, « Paradoxalement Godard, d'un côté, demande au spectateur des connaissances nécessaires pour atteindre son propos, mais de l'autre, il voudrait qu'il se laisse submerger par l'image et le son et porter uniquement par ce qu'ils révèlent, ce qui n'est pas tout à fait possible si on ne peut pas comprendre à quelles références il fait appel. Le film devient donc un labyrinthe que l'on parcourt, un film que l'on voit et revoit pour tenter de pénétrer à chaque fois un élément de plus, pour éclaircir chacune de ses parcelles dans leurs rapports les unes avec les autres et dans l'ensemble qu'elles constituent[17]. »

Néanmoins le film repose sur un argument simple et plutôt drôle. Un espion pour le compte de l'Ouest basé en RDA devient subitement chômeur à la chute du Mur. Le film va retracer son retour à l'Ouest sous la forme d'une longue errance dans un univers désolé. Pour ce rôle d'agent dormant désormais bon pour la retraite, Jean-Luc Godard a sollicité Eddie Constantine, l'acteur de série B qu'il avait déjà fait

16 Jean-Luc Godard, *Allemagne neuf zéro, Phrases,* P.O.L, 1998.

17 Lucie Degas, *Allemagne année 90 neuf zéro, La mémoire fait l'histoire,* CinémAction, n°109, 2003, p. 33.

jouer vingt-cinq ans plus tôt dans *Alphaville*. L'acteur âgé (il mourra deux ans plus tard) retrouve son personnage de Lemmy Caution cette fois pour déambuler tristement dans un *no man's land* en réclamant sans cesse qu'on lui indique la direction de l'Ouest.

Il y a une scène où Lemmy Caution rencontre Don Quichotte et Sancho Pança. Dans les ouvrages consacrés à la filmographie de Godard, *Allemagne 90 neuf zéro* est souvent illustré par un photogramme extrait de cette scène. « Un des moments les plus intéressants du film » nous dit Antoine de Baecque[18]. Don Quichotte chevauche Rossinante ; Sancho Pança pousse une voiture Trabant qui, comme il se doit, est en panne. Dans ses notes préparatoires, Godard a écrit : « Don Quichotte et Sancho Pança (Godard et Goupil) à la recherche de : Dulcinée, l'histoire, la mise en scène, le cinéma[19]. » Dans une autre note, Godard arme Don Quichotte d'une lance/perche de cinéma et munit Sancho Pança d'une caméra Bétacam.

Quand Lemmy Caution demande à Don Quichotte la direction de l'Ouest, celui-ci lui répond énigmatiquement par une phrase en allemand dont le critique Jean Narboni nous dit qu'elle provient d'un courrier adressé par le poète Rilke à un jeune poète. Traduite en français, la phrase est : « Les dragons de notre vie ne sont peut-être que des princesses qui attendent que nous soyons beaux et courageux. Les choses effrayantes ne sont peut-être que des choses en souffrance qui attendent que nous les secourions[20]. » Pour le spectateur, naturellement porté à échafauder une explication en rapport

---

18 Antoine de Baecque, *op. cit.*, p. 699.

19 Godard, « Idées avant le premier voyage ». Ces notes ont été publiées par Romain Goupil, coréalisateur du film, dans *Entretiens avec Bernard Lefort*, éditions Punctum, 2005, p. 109-110.

20 Jean Narboni, *op. cit.*, p.58.

direct avec ce qu'il voit et croit comprendre, une lecture paraît s'imposer. Puisque Don Quichotte s'élance contre un « géant » qui n'est autre ici qu'une gigantesque excavatrice de charbon et que Sancho Pança s'échine à faire marcher une Trabant, la scène semble être une métaphore de l'utopie socialiste se brisant sur les aberrations de l'industrialisme à la soviétique. Il nous reviendrait donc de porter secours à ce socialisme qui a pris ces proportions effrayantes.

Finalement Lemmy Caution échoue dans une chambre d'hôtel à Berlin. Cette chambre s'avère être une copie conforme de celle qui était la sienne à Alphaville, cette sinistre ville tombée sous la coupe d'un dictateur/savant fou. Mais ici, pire encore, le voici contraint de payer pour récupérer sa valise auprès d'employés obéissant aux coups de sifflet d'une petite chef intraitable, alors que, dans l'hôtel d'Alphaville, Lemmy Caution pouvait encore se permettre de rembarrer sans ménagement les accortes « poupées » que le dictateur offrait gracieusement aux « visiteurs des autres galaxies ».

Avec cette scène finale, il apparaît clairement que le projet initial de Godard de traiter de la solitude d'une nation s'est mué en portrait à charge de l'Allemagne réunifiée. Il appelle son film *Allemagne 90 neuf zéro,* puis plus simplement *Allemagne neuf zéro,* parce que « neuf, car c'est tout neuf ; zéro, comme le début ou comme la fin, le rien ; et 9/10, donc 90, l'année où le film a été commencé[21]. » L'Allemagne réunifiée est égale à zéro. C'est l'Allemagne désormais totalement absorbée par le capitalisme. Godard fait dire à Caution arrivé à Berlin-Ouest une phrase dont Brody nous signale qu'elle est empruntée à Raymond Chandler: « Voilà donc Noël et son cortège d'antiques frayeurs ! Les magasins sont pleins d'incroyables saloperies mais ce dont

21 Antoine de Bacque, *op. cit.,* p. 697.

on a besoin on ne le trouve plus. » Dans une conférence de presse à Cannes Godard assène : « Maintenant (l'Allemagne) qui a choisi de ne pas bouger va rejoindre celle qui est américaine, il n'y a plus d'Allemagne[22]. »

« Il n'y a plus d'Allemagne »

Nous avons tous encore en tête le souvenir de la chute du Mur : la tension, les cris, les foules s'attaquant au mur pierre à pierre, les libations, les embrassades, autant d'images télévisuelles vues et revues à satiété. S'emparer du sujet, le traiter autrement, il y avait là sans doute une occasion pour Godard d'être à son affaire. A condition de respecter un tant soit peu les faits. Dans les notes qu'il avait prises durant le travail de repérage auquel Godard l'avait associé fin 1990, Romain Goupil avait écrit avoir vu : « du trafic, des passants, des balayeurs, des marchés, des voitures. Partout une incroyable activité, comme une fourmilière qui aurait été renversée et qui cherche sa place, *its brand*, son chemin, mais qui existe et dont le but est : l'Ouest[23]. » Rien de tout cela ne transparaît dans *Allemagne neuf zéro*. Godard prend le parti exactement contraire d'une vie arrêtée, d'un pays morne et mort. Dans *Allemagne neuf zéro* les seuls Allemands sur lesquels s'attarde la caméra sont des Allemands

22 *Jean-Luc Godard par Jean-Luc Godard,* tome 2, op. cit., p. 225. Daniel Morgan se trompe lorsqu'il explique que la vision très sombre de Godard de la réunification allemande repose sur sa crainte d'une remilitarisation susceptible de conduire à une résurgence du nazisme, *op.cit.,* p. 40 et 247. Ce n'est pas une Allemagne à nouveau puissance dominatrice que déplore Godard mais une Allemagne sous domination américaine.

23 Romain Goupil, interview par Richard Brody, 15 juin 2001. Brody commente, *op. cit.,* p. 636 : « Dans ses notes personnelles, Goupil semble avoir du mal à trouver la chute du Mur de Berlin aussi désolante que Godard le croit. ».

prostrés devant leur bock de bière. La fin de la guerre froide laisse Godard de marbre.

Quand l'Allemagne renaît, il déclare qu'elle est morte.

Certains défenseurs de Godard ont voulu voir dans cette vision désenchantée une approche prémonitoire des difficultés de la réunification, comme on crédite un peu facilement Godard d'avoir été prémonitoire de Mai 68 pour avoir tourné « La Chinoise ». Pour Lucie Degas « une fois le mur ouvert la situation est apparue dans sa réalité et non pas dans l'idéal » (...) « Au moment où Godard réalisait son film, la déception et l'incertitude dominaient déjà[24]. » Godard n'a-t-il pas pressenti ce qui allait bientôt s'appeler l'« Ostalgie » ? Pour Jean Narboni il y a lieu de se poser la question d'« une terre sans peuple dont on se rend compte aujourd'hui, un peu tard, qu'étant deux, ils résistent – Ossis et Wessis – à aller dans le même bateau[25]. » Mais, sur des affaires de cette importance, on ne saurait se contenter de vagues impressions.

Rapportons nous plutôt au jugement d'une grande figure morale, Joachim Gauck, ancien opposant en RDA, à qui Helmut Kohl confia en 1990 la tâche de gérer les archives de la Stasi et qui devint plus tard Président de la République d'Allemagne. En 2010 celui-ci constatait qu'« il y a encore deux cultures politiques dans le pays. C'est comme si la volonté proprement politique de se réunifier avait été en avance par rapport aux mentalités. » Mais, de là, souligne Joachim Gauck, à épouser «une critique, très à gauche, estimant que le processus est allé trop vite ! Certains parlent de colonisation. C'est de la pure propagande. Ce n'est pas Helmut Kohl qui a imposé ce rythme. Ce sont les citoyens

24 Lucie Degas, *op. cit.*, p. 37.

25 Jean Narboni, *op. cit.*, p. 60.

qui avaient vécu soixante ans de dictature, sous le nazisme puis sous le communisme, qui ne voulaient pas entendre parler d'une troisième voie, comme le proposaient certains intellectuels. Les gens voulaient la démocratie et le deutschemark[26]. »

L'appétit de biens matériels des Allemands de l'Est inspire une moue dégoûtée à l'enfant gâté de l'Ouest. Jean-Luc Godard écrit dans ses notes préparatoires au tournage : « Une semaine après la chute du Mur, les cassettes porno passent la porte de Brandebourg ». Le discours du militant d'extrême gauche réapparaît ici, inchangé. A Cannes en 1991, assurant la promotion d'*Allemagne neuf zéro*, le cinéaste déclare : « Nous avons accepté à l'Ouest de ne pas nous libérer, et nous appelons ça la démocratie. Il n'y a qu'à voir la télévision à l'hôtel, le soir, et en échange nous avons la démocratie[27]. » Vue sous cet angle, la réunification allemande fait figure de non évènement. A aucun moment il n'est fait référence dans le film à ce que pouvait être la vie quotidienne des Allemands de l'Est. C'est « un paysage de l'Est qui a été repris par son ancien propriétaire[28]. »

Terriblement réducteur, Godard nous assène que les puissances d'argent ont inventé tout à la fois Auschwitz et Hiroshima[29]. Tirant un trait d'égalité entre nazisme, capitalisme et démocratie, il fait répondre à une femme de chambre, ancienne habitante de l'Est à qui Caution demande « Alors

---

26 Journal *Le Monde*, interview de Joachim Gauck, 10 octobre 2010.

27 Conférence de presse, Festival de Cannes, mai 1991, reproduite dans *Jean-Luc Godard par Jean-Luc Godard,* tome 2, op. cit., p. 224-225.

28 *Ibid.*

29 Thèse reformulée par Godard dans son interview au journal *Le Monde* du 5 septembre 1991: « Ravensbrück : stade suprême du capitalisme: ne pas donner de subsistance au corps des travailleurs. »

vous aussi vous avez choisi la liberté ? » : « Arbeit macht frei ».

« Dans Yougoslavie il y a gosse et il y a vie »[30]

Dans les années quatre-vingt-dix, Godard dénonce l'impuissance des Européens à faire cesser les guerres dans les Balkans. Il débute le chapitre 3 (a) *La monnaie de l'absolu* des *Histoire(s) du cinéma* par la lecture d'un texte poignant de Victor Hugo. En 1876 Hugo s'en prend avec une violence implacable aux gouvernants européens qui laissent faire des massacres en Grèce à l'époque sous le joug ottoman. Le texte est d'une extraordinaire actualité. Dénonçant la raison d'Etat, Hugo écrit : « C'est que l'Europe est solidaire, c'est que tout ce qui se fait en Europe se fait par l'Europe, c'est que s'il existe un gouvernement de bêtes fauves, il doit être traité en bête fauve ».

Enfin l'intervention de l'Otan ramène une paix relative dans la région. Le cinéaste semble déçu. Dans plusieurs films ultérieurs il s'emploie à distiller le doute sur le bien-fondé et les suites de cette intervention. Une séquence d'*Eloge de l'amour* est consacrée à une conférence donnée dans une librairie parisienne par un journaliste américain, Mark Hunter. Il y est question de crimes commis par les Kosovars « aussi monstrueux » que ceux des Serbes. Cette séquence suggère qu'en validant le démantèlement de la Yougoslavie l'intervention de l'OTAN n'a eu pour résultat que de multiplier les régimes dictatoriaux dans la région.

Par ailleurs on a vu au chapitre 10 que dans *Eloge de l'amour* Godard prétend que pour les Américains, peuple

30 Cette phrase, prononcée par un personnage dans *Hélas pour moi* (1993), est ambigüe : expression d'une compassion à l'égard des victimes de la guerre ou regret de la disparition de cet Etat?

manquant d'Histoire, la finalité de l'intervention était le pillage culturel.

En 2004 sort sur les écrans *Notre Musique*, un film qui malgré des critiques favorables ne dépassera pas la barre des 50 000 spectateurs en France. « Notre Musique » est un triptyque. Dans la première partie, à partir d'extraits de films et d'images d'actualité, Godard montre la guerre. C'est « l'enfer ». La seconde est filmée à Sarajevo qui panse ses plaies. C'est le « purgatoire ». La troisième se déroule dans une zone boisée. Godard nous enchante avec un travelling magnifique le long d'un ruisseau. C'est le « paradis ». Sauf que la zone est entourée de barbelés et que ce sont des marines américains qui en permettent l'entrée.

-13 -
Guerre des sexes (3ème Partie)

Dans les films des années soixante - *Une femme mariée*, *Masculin féminin*, *Deux ou trois choses que je sais d'elle*, *La Chinoise* - les hommes étaient présentés comme les victimes de l'émancipation de leurs compagnes. Est-ce à dire pour autant que leurs compagnes triomphaient ? Godard évitait le piège. Au final tout le monde souffrait. Mais les femmes étaient désignées comme les premières responsables de cette souffrance[1].

Dans les années quatre-vingt, les relations femmes/hommes reviennent au premier plan dans le cinéma godardien. Elles sont même plus vraies et plus sensibles que dans les films des années soixante. Dans les films des années soixante les personnages « font du cinéma ». Ils prennent la pause. Michel dans *A Bout de Souffle,* Emile (Jean-Claude Brialy) dans *Une Femme est une Femme*, Frantz (Sami Frey) et Arthur (Claude Brasseur) dans *Bande à part (1964)*, Paul dans *Masculin Féminin,* Pierrot/Ferdinand dans *Pierrot le fou* sont toujours en train de jouer un personnage. De même les femmes gardent le masque. Les personnages joués par

1 Cf.Chap.2.

Anna Karina, exception faite de Nana dans *Vivre sa Vie*, se laissent rarement aller à exprimer leurs émotions. L'humour, la dérision interdisent l'abandon. Par contre, dans les films des années quatre-vingt, les sentiments sont là, à fleur de peau. Les personnages féminins gagnent en profondeur. La vague féministe et la rencontre avec Anne-Marie Miéville sont passées par là. Par-delà leurs attitudes et leurs propos parfois difficilement compréhensibles, les personnages se sont humanisés. Godard fend (un peu) l'armure.

Pour autant, par-delà les années, par-delà le changement de contexte et par-delà la vague féministe, c'est un schéma très comparable des relations hommes/femmes qui réapparaît.

En premier lieu, comme dans les années soixante, les hommes et les femmes s'en tirent très mal. Séparations, drames, disparitions sont le lot commun.

S'agissant des hommes, dans *Sauve qui peut (la vie) (1980)* Paul Godard (Jacques Dutronc) meurt renversé par une voiture ; dans *Passion (1981)* Jerzy abandonne le tournage de son film ; dans *Carmen (1982)* Joseph (Jacques Bonnafé) bien entendu tue Carmen (Marushka Detmers) ; dans *Je vous salue Marie (1984)* Joseph (Thierry Rode) se sent trahi par Marie qui a conçu un enfant sans sa participation ; dans *Détective (1985)* Jim Fox Warner (Johnny Halliday) et Emile (Claude Brasseur) sont abattus au cours d'une fusillade générale ; dans *Hélas pour moi (1993)* Simon (Gérard Depardieu) se mure dans le déni du « viol » de sa femme par le dieu qui s'est fait passer pour lui (« J'aime Rachel, il ne s'est rien passé ») ; dans *For Ever Mozart (1996)* le cinéaste Vicky Vitalis (Vicky Messica) dont la fille Camille (Madeleine Assas) a été assassinée par une milice sur la route de Sarajevo et dont le film s'avère un énorme échec, n'a plus que la musique pour refuge.

Dans ce tourbillon de malheurs, les femmes morflent comme les hommes. Dans *Passion*, Isabelle, ouvrière animatrice d'une grève, est lâchée par ses copines ; Carmen bien entendu est assassinée ; de même Camille dans *For Ever Mozart* ; Berthe dans *Eloge de l'amour*, malade, se suicide. Apparente exception à la règle, dans *Nouvelle Vague (1990)*, l'homme et la femme regagnent bras dessus, bras dessous leur demeure. Mais ce *happy end* n'est qu'une illusion. Dans la première moitié du film, Eléna (Domiziana Giordano) sauve un homme qu'elle réduit ensuite à n'être que l'ombre de lui-même. Quand on demande à celui-ci ce qu'il fait dans la vie, l'homme (Alain Delon) répond « je fais pitié ». Au cours d'une promenade en bateau, l'homme tombe à l'eau. Eléna le laisse se noyer sous ses yeux. Dans la seconde partie du film l'homme qu'Eléna a laissé se noyer, ressuscite sous les traits cette fois d'un entrepreneur conquérant (Alain Delon). C'est au tour d'Eléna d'être réduite à néant. A son tour Eléna tombe à l'eau. Cette fois, *in extremis,* l'homme la sauve. Ils regagnent leur demeure, unis. Mais comment vivre après avoir été sauvée par l'homme qu'on a laissé mourir sous ses yeux ?

Ainsi la tragédie est immuable et tout le monde souffre. Mais, comme dans les films des *Sixties*, ce sont les femmes qui sont les responsables du malheur commun. Denise (Nathalie Baye) lâche Paul dans *Sauve qui peut (la Vie)* ; Carmen rend fou Joseph ; Marie interdit son corps à Joseph, lequel finira non sans mal quand même par accepter la situation. Dans *Détective* Françoise (Nathalie Baye) trompe et abandonne son mari. Dans *Hélas pour moi* Rachel (Laurence Masliah) est séduite par le dieu qui s'est travesti sous les traits de son mari conformément à la légende d'Amphitryon. Violée ou finalement consentante ? L'affaire n'est pas claire : elle affirme avoir compris ce soir-là que « la chair peut être triste » mais elle n'en partage pas moins un vrai moment d'intimité et de dialogue avec le dieu qui s'est introduit chez elle[2]. Dans *Nouvelle Vague* Eléna laisse se noyer l'homme qu'elle avait initialement recueilli. Dans *For Ever Mozart* Vicky a sa part de responsabilité dans la mort de sa fille dès lors qu'il l'a laissée, voire même l'a encouragée, à partir se mettre dans la gueule du loup des milices serbes mais la tragédie a pour cause première l'idéalisme de Camille qui a conçu le projet fou d'aller jouer du Musset en plein théâtre de guerre.

L'ambiguïté n'est présente que dans *Eloge de l'amour*. Certes, Berthe se dérobe quand Edgar essaie de la décider à réaliser un projet en commun, et, malade, elle finit par se suicider. Mais, entre-temps, elle avait semblé se raviser et c'est Edgar, qui, l'ayant jugée finalement « décevante », s'était détourné, précipitant peut-être sa disparition.

Ultime guerre des sexes : « Adieu au langage » (2014)

En 2014, dans le cadre de la sélection officielle du Festival de Cannes, *Adieu au langage* s'est vu décerner « le prix spécial du jury » ex-aequo avec le film de Xavier Dolan, *Mummy.* C'est la première fois qu'un film de Godard obtenait une distinction à Cannes. Par ailleurs *Adieu au langage* a été jugé meilleur film 2014 par l'association américaine

---

2 Lucas Hariot, « Amphitryon 39, Hélas pour moi 1993 », *Revue L'art du Cinéma*, n°84-85-86, 2014, p. 75-86. Bamchade Pourvali considère pour sa part qu'*Hélas pour moi* se distingue des autres films de Godard en ce qu'il est un film sur la fidélité. Peut-être, mais alors grâce à la mansuétude de Simon pour qui "il ne s'est rien passé" ? Bamchade Pourvali, *Godard neuf zéro, les films des années 90 de Jean-Luc Godard,* Ed. Séguier Archimbaud, 2006, p. 43.

National Society of Films Critics.

Adieu au langage, c'est d'abord la surprise d'un Godard tourné en 3D. Alors que la 3D a été jusqu'à présent utilisée dans des films à gros budget, le cinéaste s'est offert un magistral pied de nez aux grands majors hollywoodiens en réalisant son film de façon complètement artisanale. En outre Godard y fait la démonstration des qualités poétiques et picturales qui s'attachent à cet outil à ce jour essentiellement mobilisé dans le cadre d'un cinéma de divertissement. Après avoir vu ce film, difficile de ne pas se promener en forêt sans avoir la sensation que celle-ci se déploie en 3D.

Dans les plans de nature, une fleur fascine Godard, le coquelicot, le plus souvent au bord des routes, là où la fleur fait front dans un univers hostile. A compter des années 80, le cinéaste a troqué les brassées de drapeaux rouges contre des brassées de coquelicots. Isabelle Régnier a relevé que le coquelicot, passé au crible des manipulations vidéo godardiennes, prenait dans *Adieu au langage* une allure warholienne[3]. Mais le plus souvent le coquelicot, selon Godard, est proche des glaïeuls sanglants de Soutine. Le rouge éclatant du coquelicot godardien ne sert pas une esthétique distanciée, il est symbole de résistance.

Faisant référence aux conceptions des indiens Apaches « qui disent la forêt pour dire le monde », le cinéaste nous invite à suivre son retour personnel vers la forêt. La démarche requiert dépouillement et solitude. Une voix off nous dit à plusieurs reprises : « Il y a de la difficulté à rester seul ». Mais le cinéaste se veut consolateur. La pénétration de la forêt doit être comprise comme un retour à l'origine entendue comme « L'origine du monde » de Courbet. La

3 Isabelle Régnier, Journal *Le Monde* du 23 mai 2014.

mort est comme un retour dans l'élément aqueux où nous baignions avant de naître. L'eau coule en abondance dans *Adieu au* langage. Et cette eau-là parle à qui veut bien l'écouter. Elle parle « d'une voix profonde et grave ». « Elle veut communiquer ».

L'adieu au langage est porté tout au long du film par un être non doué de parole mais qui voit tout, entend tout, renifle tout : un chien. Ce chien, cet être nu, seul être qui « aime plus que lui-même », c'est Roxy, le chien de Godard, ici affublé du nom de famille de la compagne du cinéaste, Miéville.

Toujours à l'affût de l'air du temps, Godard nous entretient à sa manière de l'attention nouvelle portée dans le champ intellectuel à la cause animale. Mais cette présence du chien fait aussi beaucoup penser à cet aphorisme par lequel Godard a un jour résumé son désespoir d'être traité en icône : « Je suis un chien et ce chien suit Godard[4]. » Ici, l'identification de Godard à son chien pointe dans de multiples directions. Le chien est d'abord une présence directe au monde, un ressenti immédiat aux couleurs, aux formes, aux bruits, aux odeurs, indépendamment de tout travail réflexif imposé par la conscience. Le chien est aussi celui qui porte un regard différent. Très émouvant, le regard que porte le chien Roxy Miéville sur les humains, manifeste une incompréhension mêlée d'une certaine crainte. Le chien vit sa vie mais il est bien seul.

Adieu au langage est aussi à nouveau un film sur le couple. Sur deux couples même : le premier interprété par

4 Cette phrase prononcée par Godard dans une interview (*Actuel*, n°136, octobre 1990) est rapportée par Antoine de Baecque, *op. cit.* , p. 714.

Héloïse Godet et Kamel Abdelli, le second interprété par Zoé Bruneau et Richard Chevallier. Le réalisateur entretient la confusion. Les actrices entre elles et les acteurs entre eux ont plus qu'un air de ressemblance. Ils sont filmés dans les mêmes lieux (essentiellement dans l'appartement de Godard lui-même) et, le plus souvent, entièrement nus. « Les nus de la femme et de l'homme sont filmés comme Cranach peignait Adam et Eve : sexy, pudique, au paradis sous le signe du serpent[5]. » Dans une ombre douce à l'opposé des tonalités éclatantes des plans de nature, les corps se confondent. En fait les deux couples n'en font qu'un. A quelques différences près, les deux couples jouent les mêmes scènes. Le scénario est identique. Ce scénario, Godard le résume dans toute sa banalité : la rencontre d'une femme « mariée » et d'un homme « libre » mais « le mari revient et tout explose. » Sur une petite place les deux amants masculins sont chacun à leur tour abattus d'une balle par le mari.

En dédoublant ses personnages, comme dans *Nouvelle Vague*, *Hélas pour moi* et *Notre Musique*, le cinéaste prolonge sa théorie de l'image. Une première image de couple plus une deuxième image de couple en crée une troisième. Laquelle ? Sans doute le couple en général mais aussi probablement en filigrane le couple Godard/Miéville.

Comme de tradition dans les couples godardiens, les rapports sont tendus, durs, les échanges verbaux acrimonieux, le corps à corps souvent violent. Le désir circule mais les contacts tendres sont rares. L'érotisme est diffus, essentiellement scopique.

Une scène, jouée successivement par les deux couples d'acteurs, associe revendication féminine et provocation typiquement godardienne. Godard fait le choix du scatolo-

5 Gérard Lefort, Olivier Séguret, Journal *Libération*, 22 mai 2014.

gique. L'homme est sur le trône en train de déféquer. Comme le rapporte avec exactitude les journalistes de *Libé* : « Ploc, ploc fait l'étron dans la cuvette des w.-c.[6] » Cette posture incite l'amant à philosopher. Le cinéaste pousse loin le bouchon… il est vrai que le *Penseur* de Rodin…Bref le moment de la défécation serait le seul moment où les hommes sont vraiment à égalité. Mais la femme, elle, s'impatiente. Elle aussi « a envie de faire ». A son compagnon, qui peu avant l'avait chargée des tâches ménagères, elle lance vertement : « Je te parle d'égalité et tu me réponds caca. »

Cette scène paraît avoir convaincu les critiques de *Libération*, Gérard Lefort et Olivier Séguret, qu'*Adieu au langage* est « un film féministe ». « Près de quarante ans après *Masculin féminin*, le déséquilibre bascule cette fois en faveur de la femme[7]. » Voire. Certes Godard épingle des comportements macho et tourne une scène de couple sous la douche où l'homme, tentant de forcer le désir de la femme, est sur le point de franchir la ligne jaune. Mais c'est l'amante qui se révèle finalement la plus violente.

C'est la femme qui introduit le chien dans le couple. « Cela nous ferait du bien, je vous assure » dit-elle à son amant. Le chien, censé humaniser leur relation, est alors paré d'une vertu thérapeutique. Sauf que, plus tard, quand l'homme exprime un désir d'enfant, la femme refuse brutalement : « Non, pas d'enfant, un chien ! ». Si le chien Roxy se voit affublé du patronyme Miéville, n'est-ce pas que le cinéaste signifie là à sa compagne, qui était déjà mère quand leur couple s'est formé, son regret de ne pas avoir eu d'enfant avec elle ? Toute la place qu'occupe le chien Roxy dans le film peut aussi être comprise comme l'expression d'une frustration profonde du cinéaste, celle d'avoir été in-

6 *Ibid.*

7 *Ibid.*

terdit de paternité.

Et lorsque le premier amant est abattu par le mari jaloux, quelle étrange froideur chez l'amante ! Quand lui geint à ses pieds, touché à mort, l'amante, à qui on dit qu'il meurt, lâche : « Eh bien, qu'il meure ! ». Quand le second amant subit le même sort, l'amante n'est pas plus tendre. Dans le récit attachant que Zoé Bruneau a fait du tournage du film, l'actrice rapporte ce que lui semble être le scénario : « Une voiture doit passer dans le champ à toute vitesse, Richard se fait tirer dessus, tombe dans la fontaine, je me précipite et tente de le sortir de l'eau[8]. » Or ce n'est pas exactement ce qui est porté à l'écran. Godard a condensé le récit en quelques plans elliptiques. L'eau de la fontaine est rouge du sang de l'amant. Une main féminine s'avance, saisit la tête de celui-ci…et la laisse brutalement retomber dans l'eau. Peut-être parce que l'amante se rend compte que son geste est inutile. Mais ce plan n'évoque pas une tentative de sauvetage.

Adieu au langage ne déroge pas à la règle godardienne. Les femmes y sont cruelles. Pourtant « je suis à vos ordres » leur déclare à plusieurs reprises leur amant.

---

8 Zoé Bruneau, *En attendant Godard,* Chapitre 1, Chapitre 2, éd. Maurice Nadeau, 2014, p. 107.

-14-
Martyr du cinéma

La constance avec laquelle Godard dépeint dans l'ensemble de sa filmographie le masculin comme victime des femmes, va de pair avec la position victimaire qu'il fait sienne dans le champ du cinéma et plus largement dans le monde social et politique.

Si Godard n'a cessé de guerroyer tous azimuts, c'est bien sûr, comme le prétend toujours celui qui entre en guerre, parce qu'il s'estime agressé. A compter des années quatre-vingt, dans presque tous ses longs métrages, un personnage ou bien le cinéaste lui-même dans son propre rôle de réalisateur, va faire figure de martyr du cinéma. Le ton est souvent celui de la dérision mais le fond du propos n'en est pas moins tout à fait grave.

Le premier de ces personnages est Paul Godard (Jacques Dutronc) dans *Sauve qui peut (la vie)*. « Une nouvelle fois, le personnage principal se prénomme Paul comme tous les substituts cinématographiques de Godard depuis 1962 et comme son père[1]. » Paul ne tourne pas. Il donne des cours de cinéma. Ses relations avec son « ex », avec sa fille Cécile et sa compagne Denise sont conflictuelles. Paul est à l'ar-

1 Richard Brody, *op. cit.*, p. 507.

rêt, déprimé, alors que Denise va de l'avant, tente quelque chose en quittant la ville pour la campagne. Finalement Paul est renversé par une voiture et meurt sous les yeux indifférents de son « ex » qui dit à leur fille : « Viens, ça ne nous regarde pas. »

Dans *Passion* Jerzy incarne un très beau réalisateur martyr du cinéma. Il cumule le fait d'être pris entre deux femmes, sans compter son épouse restée en Pologne, les affres de la création (il ne parvient pas à filmer parce que « la lumière ne va pas »), le harcèlement continu du producteur qui exige « une histoire » et le fait que la répression s'abat sur son pays (le coup d'Etat stalinien du général Jaruzielsky intervient pendant le tournage du film). La pression est telle qu'il renonce à poursuivre son projet et décide de rentrer dans son pays.

Dans *Prénom Carmen*, Godard se met en scène. Il joue lui-même le personnage de l'Oncle Jean, un cinéaste interné qui se fait passer pour malade. Carmen, sa nièce, vient lui rendre visite à l'hôpital pour lui demander de prêter l'appartement qu'il possède en Normandie. Elle veut y réaliser un film avec des amis. En fait il s'agit de se servir d'Oncle Jean comme couverture pour réaliser un enlèvement que le gang auquel appartient Carmen, espère maquiller en scène de tournage. L'affaire se termine dans une fusillade générale. Pour Richard Brody, Godard fournit dans *Prénom Carmen* un portrait de lui-même, « non dénué d'apitoiement, en cinéaste rejeté et en pécheur diminué [2]».

---

2 Richard Brody, *op. cit.,* p. 545. Un échange entre Carmen et Oncle Jean laisse entendre qu'il y a eu quelque chose de sexuel entre l'oncle et sa nièce très jeune. Dans plusieurs films de Godard (*Sauve qui peut (la vie), Prénom Carmen, King Lear*) la thématique de l'inceste est allusivement abordée. Le sujet travaille Godard. Il a voulu réaliser un film sur un père et sa fille avec Myriem Roussel. L'actrice s'étant dérobée, il tournera finalement avec elle *Je vous salue Marie*, un sujet qui dans

Grandeur et décadence d'un petit commerce de cinéma, un long métrage de 1986, poursuit dans la même veine. Le film est quasi intégralement tourné dans les locaux de la propre société de Godard dont les bureaux sont alors situés à Neuilly. Dans cette société le producteur est Almereyda joué par Jean-Pierre Mocky et le cinéaste Gaspard Bazin joué par Jean-Pierre Léaud. Les affaires marchent mal. Almereyda croise Godard qui lui dit que « le cinéma va en arrière comme la politique et la mode. » Almereyda est assassiné sans qu'on sache pourquoi (allusion sans doute au meurtre non expliqué du producteur Jean-Pierre Lebovici). La société fait faillite. Gaspard Bazin finit par vendre ses services à la boîte branchée de communication qui reprend les locaux[3].

Godard apparaît à nouveau dans le long métrage qui suit, *Soigne ta droite (1987).* Cette fois, allusion au roman de Dostoïevsky, il est « L'idiot », un réalisateur à qui « en haut lieu on est prêt à pardonner ses nombreux péchés mais il doit faire vite : inventer une histoire, la filmer et livrer la copie en fin d'après-midi dans la capitale. Il faut que le film commence son exploitation le soir même. » L'idiot s'exécute, arborant un doux sourire simplet et résigné. Il prend l'avion pour aller livrer ses bobines dans le délai imparti. Mais, à l'arrivée, il tombe de la passerelle. Alors qu'il agonise, une femme vient lui proposer l'achat des bobines et le paie…d'une crécelle.

Dans ce film où le burlesque et le désespoir se conjuguent à un niveau inégalé dans le cinéma godardien, un deuxième personnage incarne lui aussi l'extrême solitude du créateur : l'Individu interprété par Jacques Villeret. L'Individu

---

l'esprit de Godard n'est pas sans rapport avec son projet précédent.

3 Le film a ses beautés mais Godard inflige au spectateur d'interminables défilés de figurants se présentant pour des castings.

se présente d'abord chez l'Homme (François Périer), qu'on devine être un producteur, pour lui vendre un projet. Puis, après plusieurs sketchs comiques où l'Individu est complètement méprisé dans une position subalterne, l'Individu est découvert par une femme accompagnée d'une petite fille, recroquevillé en position fœtale dans une maison de bord de mer alors qu'au loin résonnent les cris des plaisanciers. Fugacement une autre femme apparaît. Habillée puis nue, elle fait quelques pas de danse avec l'Individu. Le voilà finalement condamné à la déportation en Belgique « pour avoir mal parlé le français ». Son parcours s'achève dans le tristement célèbre stade du Heysel piétiné à mort dans les mouvements de foule.

Dans *King Lear (1987)* Godard est cette fois le professeur Pluggy, un inventeur qui vit comme un homme des bois. Godard, au crâne dégarni, s'est offert avec le personnage de Pluggy une spectaculaire coiffure de type rasta composée de câbles électriques et de prises vidéo enchevêtrés. Pluggy marmonne du coin de la bouche un anglais sépulcral. Il a inventé « l'image » (le cinéma), une création qui l'a épuisé. Avant de mourir parmi les fleurs, il remet un à un les pétales à leur place (il recrée la nature). On entend des cloches. « Oui, ce sont les cloches de Pâques », explique le personnage de Shakespeare Junior V (Peter Sellars) en voix off, qui poursuit : « Les images étaient neuves, innocentes, timides, fortes. Je comprends maintenant que le sacrifice de Pluggy n'a pas été vain. Grâce à son œuvre, je comprends maintenant les paroles de saint Paul : « l'image viendra au moment de la résurrection » ». Godard se peint en figure christique rachetant le monde du cinéma par son sacrifice.

De *Soigne ta droite* à *King Lear* le cinéaste travaille sa nouvelle méthode, le rapprochement des « réalités lointaines », qu'il développera pleinement dans les *Histoire(s) du cinéma*. Dans *Soigne ta droite* se chevauchent trois types de séquences très éloignées les unes des autres : le désopilant voyage en avion de l'Idiot ; les mésaventures tragi-comiques de l'Individu et les répétitions du duo pop Rita Mitsouko (Catherine Ringer et Fred Chichin) en plein travail de création. Dans *King Lear* s'agrègent des séquences de fiction, des reproductions de tableaux et des photographies, tandis que sont entendus des fragments du texte de Shakespeare. Le risque d'un cinéma complètement éclaté de la sorte est d'apparaître complètement décousu. Le son, maintenant extrêmement travaillé par Godard, devient l'élément déterminant pour donner du liant à ces séquences disparates. Dans *Soigne ta droite* les extraits des compositions des Rita Mitsouko créent un climat sonore qui donne à l'ensemble son unité. En revanche, dans *King Lear*, la bande sonore, bien que très riche, ne parvient pas à créer une impression d'ensemble tant le lien entre la pièce de Shakespeare et le martyr du professeur Pluggy apparaît ténu.

Dans les *Histoire(s) du cinéma* Godard se présente à nouveau en figure christique. Compositeur et chef d'orchestre de cette gigantesque entreprise de montage, il rachète les péchés du cinéma. Sur ses épaules pèse l'entreprise titanesque de ramener à la vie le cinéma en tant qu'art qu'Hollywood a anéanti.

Dans *For Ever Mozart*, Vicky Vitalis (Vicky Messina) compose un personnage de réalisateur *looser* particulièrement convaincant. Il laisse sa fille et les compagnons de celle-ci s'engager dans une aventure sans issue : aller faire du théâtre en pleine zone de guerre. Parti avec eux il les abandonne lâchement quand cela commence à devenir dangereux. On le retrouve dans la seconde partie du film dans la peau d'un réalisateur autant accablé par les conditions misérables de réalisation de son film que par le jeu de son actrice principale (Bérangère Allaux). Il refait jouer à celle-ci des centaines de fois une même séquence où elle doit seulement prononcer un « oui ». Sans doute se loge ici un écho de la relation entre Godard et Bérangère Allaux dont, selon des témoignages concordants, le cinéaste fut alors passionnément épris sans succès. Lorsqu'enfin le réalisateur obtient un « oui » qu'il juge authentique, c'est un « oui » d'épuisement : l'actrice est à l'agonie.

Carapace victimaire

Par personnage interposé, Godard aime à se présenter toujours en butte à des producteurs qui ne comprennent rien à son art. La ficelle est un peu grosse. Dans la vraie vie, des producteurs comme Georges de Beauregard, Pierre Braunberger, Alain Sarde, Nicolas Seydoux ou Ruth Waldburger l'ont beaucoup soutenu. Godard, très habile pour jouer de sa notoriété, a pratiquement toujours trouvé les moyens de tourner. Il s'est même fait une spécialité dans le détournement des commandes. Au début des années soixante-dix il obtient sur son nom des financements en provenance de plusieurs télévisions européennes. Il réalise avec ces fonds des films militants qu'il sait pertinemment devoir être récusés par les commanditaires. Plus tard Godard continue de dénaturer les commandes indépendamment de toute justification politique. En 1986 il s'engage sur un projet d'adaptation du *Roi Lear*. Au vu du résultat, *King Lear*, le producteur Menahem Golan, commanditaire du film, est furieux : une réaction assez compréhensible tant cette version de *King Lear* peut paraître éloignée du drame shakespearien. Chez Godard « le détournement des commandes confine à la trahison[4]. »

4 Jacques Mandelbaum, « Godard, phénix du cinéma », journal *Le Monde*, 12 mars 2010.

Godard se plaint souvent d'« être connu mais pas reconnu ». Dans une interview il déclare : « Aujourd'hui parler de moi me fait du tort. Je me sens plus solitaire que jamais. J'ai le sentiment d'un rien, d'un néant, de ne pas exister. On dit Godard mais on ne va pas voir mes films[5]. » Les films de Godard, à partir de la fin des années 80, deviennent en effet pratiquement confidentiels. Mais ce n'est pas faute de moyens, ni de publicité. Presque tous ses films donnent lieu à des critiques dithyrambiques dans *Libération*, *Le Monde*, *Les Inrockuptibles*, *Télérama*, *Le Nouvel Observateur* ou *Les Cahiers du Cinéma*. Si le public suit de moins en moins, c'est que le cinéma de Godard est un cinéma difficile. Non qu'il s'agisse d'un cinéma trop intellectuel. Les films de Godard ne sont pas moins émotionnels que ceux d'autres cinéastes. Et le propos est au final souvent assez limpide. Mais la forme en est extrêmement personnelle et souvent volontairement obscure. Elle requiert à tout le moins un sérieux effort d'adaptation de la part du spectateur. C'est cette forme qui fait tout le prix des films mais qui fait aussi qu'ils ne sont plus vus désormais que par un petit public. Alors que ses compagnons de la Nouvelle Vague ont fait le choix d'un cinéma qui vise un large public, Godard, lui, est resté fidèle à son exigence de renouvellement de la forme. La banale vérité est qu'il paie le prix de l'intégrité de ses choix esthétiques.

Godard déplore sa solitude. Mais, depuis le dénigrement des productions de ses ex-camarades jusqu'à la rupture totale avec tous ceux qui ne partageaient pas ses idées au temps du marxisme léninisme en passant par d'innombrables fâcheries avec des acteurs, techniciens et producteurs, le moins qu'on puisse dire, est que Godard y met beaucoup du sien. Même dans sa période militante supposée être celle de

5 *Le Quotidien de Paris,* 26 janvier 1985, cité par Brody, p.573.

l'engagement collectif, le petit noyau Dziga Vertov faisait « bande à part ». Aucune stratégie d'alliance n'animait le petit groupe.

Même si, au fil des ans, beaucoup de cinéastes se sont inspirés de son style, sa collaboration avec d'autres réalisateurs est restée ponctuelle. A l'exception de sa compagne Anne-Marie Miéville, personne ou presque n'a trouvé grâce longtemps à ses yeux.

Alors Godard persécuté ? Jean-Pierre Beauviala qui a travaillé étroitement avec lui, estime : « Il a besoin de drame ; il a besoin de déchirement ; il a besoin de provocations ; il a besoin de conflits ; il a besoin de difficultés ; il a besoin d'engueuler les gens – il a besoin d'être malheureux[6]. » Alain Fleischer qui lui aussi a travaillé avec Godard, corrobore : « (...) Godard a besoin d'être un artiste mal-aimé, il cultive une humeur grincheuse, un ton parfois grinçant, il flirte dangereusement avec l'image, à la fois fascinante et odieuse, de Louis-Ferdinand Céline, dans l'espoir d'être plus mal perçu encore, plus mal compris, plus mal-aimé, mais enveloppé dans les prestiges et les maléfices d'un mythe[7]. »

Jacques Mandelbaum souligne quant à lui ce qu'il estime être les ressorts lumineux de l'artiste : « La capacité du cinéaste à retourner n'importe quelle contrainte en sa faveur, son inventivité constante, sa générosité, sa soif d'absolu, son art de créer des correspondances poétiques et insoupçonnées, de témoigner intuitivement d'un état du monde comme la foudre éclaire l'obscurité[8]. » Mais il re-

---

6 Entretien rapporté par Richard Brody, *op. cit.,* p. 545.

7 Alain Fleischer, *Réponse du Muet au Parlant, en retour à Jean-Luc Godard,* Le Seuil, 2011, p.179.

8 Jacques Mandelbaum, *Le Monde*, 12 mars 2010.

lève aussi les ressorts très sombres du personnage dont « un rapport au monde qui n'aura jamais cessé d'être conflictuel, établissant chaque stratégie d'alliance (amoureuse, technique, financière, artistique) sur les ruines de la précédente dans une solitude de plus en plus accusée. »

La solitude et le sectarisme politique ont conduit l'homme Godard à se forger une carapace victimaire. Le goût retrouvé du cinéma à partir des années quatre-vingt est allé de pair chez lui avec la mise en scène d'une martyrologie personnelle. Indéniablement, comme ses personnages de réalisateurs qui ne parviennent pas à filmer parce que «la lumière ne va pa s» (*Passion)* ou qui ne sont jamais satisfaits des prises (*For Ever Mozart*) ou qui se trouvent en butte aux financiers qui exigent que le film se fasse en une journée (*Soigne Ta Droite*), Godard souffre. Au fil du temps, ses tournages sont devenus longs et laborieux, avec des temps d'arrêt pendant lesquels le cinéaste apparaît particulièrement déprimé[9]. Cette souffrance personnelle n'appelle ici le commentaire qu'à partir du moment où le réalisateur lui donne un contenu qui la « politise ». Selon le cinéaste, l'isolement dont il souffre aurait pour cause le décervelage généralisé imposé par les média tous confondus. Le public ne sait plus voir. Lui qui estime incarner le cinéma, se pose en première et plus grande victime de ce qu'il vit comme une entreprise de destruction de son art.

Arc-bouté à cette conviction, le cinéaste s'est plu à s'auto-désigner « Juif du cinéma ». Il explique qu'en se qualifiant Juif du cinéma il veut dire qu'il se situe dans la planète cinéma mais à une place à part. Il compare cela au plaisir d'être avec les autres mais sans avoir pour autant envie de participer à leurs jeux ou à leurs conversations. Il indique que se qualifier Juif du cinéma l'aide aussi « à

9 Antoine de Baecque, *op. cit.,* pages 627, 661 ou encore 776.

comprendre le destin tragique, glorieux, ce qu'on veut, de ce peuple très original[10]. » En réalité cette auto désignation a surtout une portée accusatrice. Godard considère qu'il est traité en paria, en réprouvé. Présentant *Notre Musique* à Cannes en 2004, il répond à une question sur l'arrière-plan politique du film en affirmant : « En tant que marginaux (*lui et Anne-Marie Miéville*), expulsés de notre jardin cinématographique par ce qu'on appelle le cinéma américain, je me sens proche de ceux-là, les Vietnamiens, les Palestiniens… En tant que créateurs, on est devenus des SDF. Longtemps j'ai dit que j'étais dans la marge, mais que la marge c'est ce qui permet aux pages de tenir ensemble. Aujourd'hui je suis tombé de la marge, je me sens entre les pages[11]. » Godard, victime et martyr, veut voir dans ceux qu'il cible comme les maîtres américano-juifs d'Hollywood, ses directs persécuteurs. Ce Godard-là paraît hors d'atteinte.

10 Entretien déjà cité du 26 novembre 2004 avec Jean Narboni.

11 Interview donnée aux *Inrockuptibles,* 5 novembre 2004.

-15 -
De guerre lasse

En conclusion de son dernier long métrage à ce jour, *Le Livre d'Image,* Godard fait résonner un passage tiré de *L'esthétique de la résistance*, un ouvrage de l'écrivain Peter Weiss : « Et si même rien ne devait être comme nous l'avions espéré/ Cela ne changerait rien à nos espérances/ Elles resteraient une utopie nécessaire ». Et Godard toussote : « ardent espoir ». Ces quelques mots ont tiré des larmes aux thuriféraires. Dans *Les Cahiers du Cinéma*, Stéphane Delorme et Joachim Lepasquier, qui sont allés rencontrer chez lui « l'ermite » de Rolle, débutent leur entretien avec le cinéaste par ces mots : « Nous avons été très émus, même bouleversés par le film à Cannes, notamment toute la fin sur « l'ardent espoir » qui donnait un sens à cette traversée des décombres. (…). Le film avance dans la nuit et vous nous emmenez à la lumière. Ça brûle mais ça brûle différemment[1]. »

Jacques Morice dans *Télérama* (12-4-2019), Mathieu Macheret dans *Le Monde* (12-5-2019), Luc Chessel dans *Libération* (12-5-2019), tous les inconditionnels sont una-

1 Stéphane Delorme, Joachim Lepasquier, « Ardent espoir, entretien avec Jean-Luc Godard », *Les Cahiers du Cinéma*, octobre 2019, n° 759, p. 8-20.

nimes : Godard bouleverse par ces quelques mots d'espoir qu'il parvient encore à émettre après avoir étalé sous nos yeux toute la noirceur du monde. Jean-Michel Frodon résume : « la guerre est là. La révolution, elle, est infiniment à venir, hors de portée et pourtant pas abolie[2]. »

Est-il besoin de le dire ? Sous la plume de ces critiques, ceux qui trouvent à redire à la profondeur du propos godardien, méritent d'être derechef renvoyés dans les ténèbres de l'obscurantisme. A propos du plan d'une main dont l'index est levé, Luc Chessel a ces mots : c'est « un geste où l'imbécile, regardant ce doigt, lira trop vite qu'on veut lui faire la leçon, alors qu'on lui montre le monde[3]. »

Les thuriféraires estiment que Godard se montre toujours en prise étroite avec le réel. En réalité son cinéma en est de plus en plus déconnecté. Godard n'en fait d'ailleurs pas mystère. Même s'il affiche encore volontiers son soutien à tous les ferments d'insurrection, des ZAD aux Gilets jaunes, il revendique désormais ne s'inscrire que dans le champ du cinéma. Et dans ce champ, il a basculé dans une forme d'art pour l'art. C'est maintenant la forme qui prime absolument. L'enjeu est la poursuite d'une œuvre plastique et musicale où courent les « couleurs saturées, retravaillées, dénaturées, semblant parfois peintes à même l'écran[4] . »

Politiquement Godard trouve désormais refuge dans l'utopie. Au début des années 2000, s'étant aventuré à reculons dans le monde du musée, il avait intitulé l'exposition qu'il mit en scène au Centre Beaubourg, *Voyage(s) en utopie, à la recherche d'un théorème perdu, Jean-Luc Godard,*

---

2 Jean-Michel Frodon, *Sur le trapèze volant du « Livre d'Image » de Jean-Luc Godard,* Slate.fr, 13 mai 2018.

3 Luc Chessel, journal *Libération,* 12-5-2018.

4 Jean-Michel Frodon, *art.cit.*

1946-2006[5]. Cette thématique de l'utopie occupe également la première place dans deux de ses trois derniers longs métrages, *Film Socialisme* et *Le livre d'image*.

Film Socialisme (2010)

Le thème en est l'Europe. La construction européenne fait depuis longtemps l'objet des sarcasmes godardiens. Le cinéaste se plaît par exemple à répéter que le seul cinéma européen qui a existé, a été produit par la compagnie allemande UFA dirigée par Goebbels[6]. On a vu que dans *Eloge de l'amour (2001)*, Godard s'est mué en défenseur de l'identité nationale. Dans *Film Socialisme*, il oppose cette fois à l'Europe telle qu'elle est, une contre-Europe utopique.

Film socialisme se présente, comme *Notre Musique*, sous la forme d'un triptyque. Une première partie réjouissante est l'occasion de tourner en dérision les croisières en paquebot-usine[7]. Ici les croisiéristes font le tour de la Méditerranée. Ils le font dans une parfaite ignorance de l'Histoire des contrées dans lesquelles ils débarquent le temps de faire du shopping.

La deuxième partie du triptyque est consacrée à la famille Martin dont le père est patron d'un garage. Cette fois l'esprit de résistance s'incarne dans les enfants Martin qui font acte de candidature aux élections cantonales. Godard en revient au « basisme » de ses années vidéo. Le changement se fera au niveau le plus micro. Florine, la jeune fille

5 Anne Marquez, *Godard, le dos au musée - histoire d'une exposition,* Les presses du réel, 2014.

6 Richard Brody, *op.cit.,* p. 751.

7 En revanche, l'arrière-plan historico-politique, où il est question de la disparition de l'or des républicains espagnols, est totalement incompréhensible..

Martin, résume son programme : « Avoir vingt ans, avoir raison, garder de l'espoir, avoir raison quand votre gouvernement a tort, apprendre à voir avant d'apprendre à lire ». Un programme somme toute plus positif que celui de Véronique dans *La Chinoise*. A la fin de cette partie, Godard mentionne qu'il exista durant la seconde guerre mondiale dans la région toulousaine un réseau de résistants appelé famille Martin.

Dans la troisième partie, le cinéaste oppose à la froide Europe technocratique les villes et les pays qui ont été visités dans la première partie par les croisiéristes : l'Egypte, Odessa, la Grèce, Naples, Barcelone. Ces pays et ces villes sont évoqués à travers leur richesse archéologique, les œuvres de haute culture qui s'y rattachent ainsi que leurs grands moments d'Histoire et de révolutions. Il appelle cette sorte de contre Europe méditerranéenne « nos humanités ». La Palestine en fait partie. Pas Israël.

Le ton du film est très mélancolique. Godard ne prétend pas qu'il ouvre des pistes alternatives au monde tel qu'il est. Les parties deux et trois du film ne sont que des sortes de rêveries qui signent la fin des utopies sociales. Le titre *Film Socialisme* illustre que pour le cinéaste il n'y a pas d'autre socialisme que celui qu'on trouve dans le monde de l'art et tout particulièrement dans le monde des films réalisés par Jean-Luc Godard.

Le Livre d'Image (2018)

Dernier long métrage godardien en date, ce film exemplifie plus encore que *Film Socialisme* le tournant du cinéaste vers l'utopie. On pourrait d'ailleurs tout aussi bien dire le tournant vers la poésie pure même si le film prétend encore nous dire des choses quant au monde tel qu'il va, notamment au Moyen-Orient.

Comme dans *Notre Musique*, la première partie du film broie de terribles images de guerre. Parmi celles-ci, il y a cet atroce reportage réalisé durant la guerre du Vietnam où l'on voit des marines s'efforçant, nous dit-on, de ranimer une jeune femme vietcong agonisante pour pouvoir quand même l'interroger. Godard commente : « Qu'en tireront-ils ? Des insultes, des chants patriotiques, des cris de douleur… ». A l'appui de ces images dantesques résonnent des citations de Joseph de Maistre, figure politique et écrivain contre révolutionnaire, pour qui la loi de la guerre et de la destruction est à ce point ancrée dans la nature humaine qu'il la qualifie de « divine »…

Face à ce monde où même les tentatives les plus nobles (il est fait allusion aux *Lumières* en la personne de Montesquieu) ne débouchent que sur un surcroît d'injustices, Godard oppose un Moyen-Orient rêvé, un fantasme : « l'Arabie heureuse ». La tâche est évidemment difficile car par-delà les féeries orientalistes ou les beautés de la littérature et du cinéma arabes, le Moyen-Orient est le théâtre par excellence des appétits de conquêtes et de pillages. Aussi le cinéaste a-t-il recours pour donner corps à ce rêve d'un Moyen-Orient refuge à un ouvrage paru en 1984 d'Albert Cossery, écrivain égyptien francophone. Dans ce livre, *Une ambition dans le désert*, est évoqué un petit pays imaginaire du golfe persique, Dofa. Ce pays a miraculeusement échappé à la prédation des grandes puissances parce qu'il n'a pas de pétrole. C'est donc un pays de misère mais qui vit en paix car là où il n'y a rien « même les scélérats doivent se contenter de l'indigence ». Pourtant, même dans un tel contexte, le pouvoir corrompt. L'homme fort du pays, Ben Kadem, fomente lui-même des attentats…pour attirer l'attention des impérialistes. Heureusement un jeune homme sage, Samantar, un vieux fou et des enfants font échouer ces dérisoires rêves de puissance et ramènent la sérénité dans la contrée.

Si l'on considère, avec Jean-Pierre Esquenazi, que « l'objet d'art ne se définit pas seulement par sa position d'extériorité vis-à-vis de la réalité ; depuis cette place, il ne peut que se retourner vers celle-ci et l'exprimer à sa manière[8] », on dira que Godard qui dans le passé s'est copieusement moqué du drapeau de l'écologie brandi par son ami Daniel Cohn-Bendit, semble maintenant vouloir enfourcher le cheval de la décroissance radicale. Pour vivre heureux, vivons dans la plus extrême frugalité, seul moyen d'écarter l'appétit des puissances impérialistes et la corruption des petits potentats ! Godard désormais émule de Pierre Rahbi ?

Ennemis de toujours

Même s'il se réfugie dans l'utopie, Godard n'en reste pas moins extrêmement vindicatif à l'égard de ses ennemis de toujours.

Dans *Le Livre d'Image*, Godard confirme que le seul impérialisme qui compte à ses yeux reste l'impérialisme américain. Au Moyen-orient, si dictateurs locaux il y a, ils sont soit des dictateurs d'opérette, soit des fantoches manipulés par l'impérialisme. Fugitivement les crimes de Daech sont pointés. Mais la donnée nouvelle majeure de la période que représente l'extension de l'islam djihadiste, n'entre toujours pas dans le logiciel godardien.

En revanche l'antiaméricanisme y fait toujours bonne figure. Dans « *Adieu au langage* » *(2014)*, un couple de jeunes gens s'apprête à se rendre « aux Amériques ». Comme les

8 Jean-Pierre Esquenazi, *art. cit.*

premiers Européens achetant les Indiens à bon compte, ils emportent avec eux de la « pacotille » (« un peu de philo »). On leur glisse : « La philosophie, vous leur direz ce que c'est ! ».

Un peu plus loin dans le film, il nous est dit : « Vous avez renoncé à tout ; vous avez renoncé à la Liberté ; bientôt il faudra des interprètes pour vos propres mots. ». La pièce maîtresse de ce « fascisme démocratique » demeure la télévision. Aux images de propagande d'une foule hitlérienne levant le bras, succèdent les images télévisées d'une foule acclamant les coureurs du Tour de France…Mais désormais le numérique parachève le travail. Godard filme des personnes « jouant du pouce », soit des personnes qui lisent leurs courriels et envoient des textos. Ce sont, nous est-il dit, des « petits poucets ». En passe d'être mangés par l'ogre Google ? Conclusion soufflée par Ellul : sous l'emprise de l'Amérique « Les démocraties modernes prédisposent au totalitarisme. »

Le seul élément véritablement nouveau dans les deux derniers longs métrages godardiens à ce jour paraît être la sourdine mise à ses attaques contre Israël.

Dans *Adieu au langage*, un des deux acteurs qui interprètent l'amant s'appelle Kamel Abdelli. Touché par la balle tirée par le mari, il gémit faiblement, à terre, marmonnant : « Allah, Allah ». Debout à ses côtés, sa compagne a ce mot insupportable : « Eh bien, qu'il meure ! ». Par-delà ce que la scène nous dit des rapports homme/femme selon Godard, il est certainement possible de l'interpréter comme l'expression de la cruauté du monde occidental et d'Israël face aux malheurs arabes en général, palestiniens en particulier. Mais le propos n'est qu'allusif.

Dans *Le livre d'image*, on imagine sans peine que derrière le fantasme godardien d'une Arabie heureuse se trouvent nichés le soutien du cinéaste à la cause palestinienne et la mise en accusation de son ennemi juré Israël. Mais, là aussi, Godard se garde de toute nouvelle provocation manifeste. Certes n'est sans doute pas neutre la reprise d'un extrait de *For Ever Mozart* dans lequel figure le personnage de Djamila (Ghalia Lacroix). Dans cet extrait, Djamila s'exprime de façon véhémente en arabe alors qu'elle se trouve dans un train qui s'enfonce dans la nuit. Or on a entendu peu avant Godard murmurer : « quelle était triste la langue allemande dans les petites gares russes en 1943 ! ». Dans ce contexte, l'extrait de *For ever Mozart* semble pouvoir être interprété comme une reformulation voilée de la fameuse antienne : les Juifs font aux Arabes ce que les Nazis leur ont fait. Mais, si reformulation il y a, elle est ici tellement cryptée qu'elle peut être ignorée.

Assurément la sobriété dont semble maintenant faire preuve Godard dans ce domaine, mérite d'être notée. Il faut dire qu'en 2010 « l'actualité Godard » ne s'est pas limitée à la sempiternelle question de savoir si le cinéaste ira ou n'ira pas à Cannes. Quand cette année-là *L'académie américaine des arts et des sciences du cinéma* a fait savoir qu'elle allait remettre un oscar d'honneur à Godard pour l'ensemble de son œuvre, des voix se sont élevées aux Etats-Unis contre la remise de cette distinction à un cinéaste jugé antisémite et tellement antiaméricain. La presse internationale s'en est fait l'écho. Certainement Godard a, cette fois, senti passer le vent du boulet.

Pour autant cette sobriété ne peut pas être interprétée comme une prise de distance du cinéaste à l'égard de ses mises en scène et de ses propos antérieurs. Elle semble n'obéir qu'à des considérations tactiques. Relevons que dans les interviews données par Godard à l'occasion de la sortie d'*Adieu au langage* et du *Livre d'image*, la polémique de 2010 ne fut nulle part évoquée. Les interviewers ont complaisamment accepté d'enterrer le sujet, soit qu'ils approuvent Godard sur le fond, soit qu'ils se soient inclinés devant le refus de celui-ci d'être interrogé à ce propos.

Une question centrale hante les travaux relatifs à Jean-Luc Godard et à son œuvre. L'homme et sa filmographie sont-ils porteurs d'une véritable dimension intellectuelle ? La question est âprement disputée. De nombreux commentateurs, y compris parmi les admirateurs, se déclarent sceptiques quant à la portée des réflexions du cinéaste. Pour René Prédal, « L'intérêt des films de Godard n'est pas toujours dans ce qu'il a voulu dire mais heureusement dans ce qu'il s'est laissé entraîner à faire : ni politique, ni sociologie, mais du cinéma[1]. » Tahar Ben Jalloun exprime un point de vue voisin : « Godard n'est pas un homme politique et il n'a pas eu d'influence réelle, tout au plus une aura médiatique. (…). Godard a plus d'importance dans sa façon de faire que dans ce qu'il dit[2]. »

Effectivement il n'est pas d'usage d'accoler le nom Godard aux noms de Sartre, Foucault, Barthes, Bourdieu ou

---

1 René Prédal, « L'anachorète de Rolle », *CinémAction* n° 52, 1989, p.185.

2 Entretien avec Tahar Ben Jalloun, « Le cinéma de Godard, une façon de se débrouiller avec ce que l'on a », propos recueillis par Simone Suchet, *CinémAction* n° 52, 1989, p. 121.

Derrida. Mais si un Jacques Mandelbaum peut écrire que Godard « a témoigné intuitivement d'un état du monde comme la foudre éclaire l'obscurité », n'est-il pas vrai que le statut de penseur lui a été de fait reconnu[3]? Un statut obtenu justement en subvertissant une certaine figure historique de l'intellectuel. Le temps des grands penseurs engagés tels qu'ont pu les représenter Sartre et Beauvoir, est derrière nous. La figure de l'intellectuel porteur d'un message bardé de références théoriques ne fait plus guère recette. Godard lui-même n'a jamais été moins pris au sérieux que durant sa période mao où son propos prétendait à une cohérence théorique et politique. En revanche, dans un temps de doute et de remise en cause, ses contradictions, ses déclarations à l'emporte-pièce, ses à-peu-près, ses jeux de mots, ses provocations, dans ses films comme dans ses déclarations, lui ont conféré une attention que peu de créateurs ont recueillie sur la scène intellectuelle française et internationale ces soixante dernières années.

L'engouement suscité par les apparitions médiatiques du cinéaste n'a pas seulement résulté de l'art consommé avec lequel l'homme s'est montré capable de se jouer des média. Ses commentaires sur le monde comme il va ont été guettés et écoutés. C'est pourquoi, au regard de l'impact de l'œuvre et de l'homme, aussi bien hier que peut-être demain, il convient de prendre au sérieux sa pensée.

Comme dans les années cinquante, le Godard des années post-militantes est farouchement rétif à tout embrigadement, se veut à l'écart des modes, plus que jamais individualiste et non conformiste. Mais politiquement son anarchisme de jeunesse dont il disait hier que cela le classait aussi bien à gauche qu'à droite, se charge maintenant

---

3 Jacques Mandelbaum, *art.cit.* Un ouvrage comme *Jean-Luc Godard et la philosophie* , L'Harmattan, 2019, en témoigne.

d'un contenu beaucoup plus précis. On y trouve la trace de nombreuses thématiques qui ont fait florès dans la première moitié du XXème siècle.

En premier lieu s'exprime une hostilité radicale à l'encontre de la société étatsunienne sous toutes ses formes. Parallèlement, dans des réalisations comme *Histoire(s) du Cinéma* ou *Allemagne neuf zéro*, les régimes démocratiques européens sont identifiés à des régimes corrompus qui prédisposent au totalitarisme. On trouve aussi dans le cinéma godardien post militant le maintien d'une référence vague au socialisme. Godard cite volontiers des extraits du cinéma soviétique exaltant la révolution. Mais il s'agit là d'un socialisme esthétique conçu en opposition au socialisme « réel » qu'il soit social-démocrate ou communiste. Au début du XXème siècle c'est ce type de socialisme, issu du syndicalisme révolutionnaire, qui finira par s'associer au nationalisme débridé des ligueurs et des antiparlementaires. On a vu aussi comment, dans *Eloge de l'amour*, Godard s'est mué en chantre de l'identité nationale pour faire rempart à l'Amérique. Enfin l'œuvre est parcourue d'assertions choquantes à l'égard d'Israël, parfois à l'égard des Juifs en général et de certains Juifs en particulier.

Dans son analyse des éléments idéologiques constitutifs de ce qui allait produire dans la première moitié du XXème siècle le fascisme français, Zeev Sternhell retient : le dégoût pour la civilisation matérialiste et mercantiliste américaine, le mépris pour les institutions démocratiques, la défense d'un socialisme vague, le nationalisme, ainsi que l'expression de sentiments anti-juifs[4].

Force est de constater qu'on retrouve dans le cinéma de Jean-Luc Godard des échos de ce cocktail idéologique qui

4 Zeev Sternhell, *Ni droite, ni gauche, L'idéologie fasciste en France*, Gallimard, 2012.

s'est révélé si dévastateur historiquement. Heureusement, par l'attention portée à la Shoah, Godard témoigne de sa radicale différence d'avec les courants compromis avec la geste fasciste, si désireux depuis l'après-guerre de minimiser la portée des crimes commis et de tourner la page. Toutefois, Godard partage avec eux l'idée que l'issue de la Seconde Guerre mondiale a donné libre cours à l'injuste loi des vainqueurs. Ce qui fut vrai à l'Est avec la brutale mise en place de régimes staliniens sous orbite soviétique, l'aurait aussi été à l'Ouest. L'injustice et l'oppression auraient purement et simplement changé de camp, la pointe extrême de ce renversement étant désormais incarnée par la politique coloniale israélienne.

Ce fond idéologique n'est pas toujours facile à décrypter dans les films. Mais, à l'occasion d'interviews ou dans des débats, Godard se laisse aller à des dérapages choquants. Ses « sorties » sont systématiquement minimisées par les défenseurs du cinéaste. L'admiration pour l'artiste, le souvenir de certains combats progressistes menés dans les années soixante, son statut d'intellectuel, la violence de son expression tétanisent ses interlocuteurs. A ce jour, l'homme n'a été véritablement « accroché » qu'au regard du parallèle qu'il établit entre ce que les nazis ont fait subir aux Juifs et ce que les Israéliens font subir aux Palestiniens. Mais, même sur ce point pourtant particulièrement choquant, l'opinion la plus répandue parmi ceux qui travaillent sur la filmographie godardienne, demeure que Godard fait preuve tout au plus d'un antisionisme acharné.

Circonscrire le débat à la question du conflit moyen-oriental est d'ailleurs un moyen parmi d'autres auquel ont recours les défenseurs de Godard pour minimiser les questionnements à l'égard de la pensée du cinéaste. Le conflit israélo-arabe exacerbe à ce point les passions que les points de vue exprimés de part et d'autre ne peuvent manquer d'être à un moment ou un autre excessifs et donc, sinon excusables, du moins compréhensibles. La politique d'Israël a de quoi faire amplement discussion et elle a des défenseurs inconditionnels dont l'attitude confine au fanatisme.

L'intérêt majeur du livre de Richard Brody, *Everything is Cinema, The Working Life of Jean-Luc Godard,* au regard de ce qui nous a occupé ici, est que son auteur a élargi la perspective en faisant le lien entre les considérations de Jean-Luc Godard relatives au monde juif avec son antiaméricanisme. D'une certaine façon l'approche de Brody n'est pas fondamentalement éloignée de l'hypothèse de Mandelbaum. En se proclamant « Juif du cinéma » Godard se prétend en quelque sorte enfermé dans un camp d'extermination dressé à l'échelle mondiale par Hollywood. Mais ce que Mandelbaum perçoit avec indulgence comme une sorte de jeu, un « challenge sportif », Brody en relève à raison la gravité. On ne saurait prendre à la légère la thèse selon laquelle les Juifs émigrés en Amérique auraient fait main basse sur le cinéma avec l'aide de la mafia, puis auraient détruit cet art encore enfant pour en faire un outil d'asservissement du monde aux intérêts des décideurs américains.

*

Lorsqu'en 2010 *l'Académie américaine des arts et des sciences du cinéma* a annoncé qu'elle remettra un oscar d'honneur à Jean-Luc Godard et que des réactions hostiles se sont manifestées à travers le monde, l'institution s'est trouvée embarrassée[5]. Un de ses porte-parole répondit à un journaliste anglais que l'académie était consciente de la na-

5 Michael Cieply, « Hollywood Production: An Honorary Oscar Revives a Controversy », *The New-York Times* du 2 novembre 2010.

ture des reproches faits à Godard mais savait aussi qu'il y a des points de vue les réfutant. Fut transmise à ce journaliste la référence d'un article paru dans une revue canadienne, *Cinemascope,* sous la plume d'un certain Bill Krohn[6]. Dans cet article, l'auteur, correspondant au Canada des *Cahiers du Cinéma*, évoquait le sujet de l'antisémitisme à travers des aspects mineurs : dans quelle mesure la famille de Godard était antisémite ? Le producteur Braunberger était-il vraiment fondé à juger Godard antisémite quand celui-ci l'avait traité de « sale juif » dans un accès de colère (Krohn consacrait pas moins de deux pages à ce seul sujet) ? Mais les éléments et les déclarations que nous avons jugés vraiment inacceptables, n'étaient pas évoqués.

Cependant les papiers les plus significatifs parus aux Etats-Unis à ce moment-là n'instruisaient généralement pas un procès. L'article du *New York Times* était modéré. Pour l'essentiel il résumait les arguments en présence[7]. Un autre article (consultable sur le site *jewishjournal.com*) était lui aussi modéré. A la question « Godard est-il antisémite ? » le journaliste Tom Tugend répondait « peut-être que oui, peut-être que non ». Il lui paraissait difficile de déclarer antisémite une œuvre dans laquelle une si grande place est faite à l'Holocauste[8].

Finalement, la polémique ne prit pas des proportions telles que l'académie ait eu à envisager sérieusement de reconsidérer sa décision. Mais pour les amoureux du cinéma de Jean-Luc Godard, s'il y a une leçon à tirer de cette af-

---

6 Bill Krohn, *Kinbrody and the Ceejays : Richard Brody's Everything Is Cinema,* http://www.cinema-scope.com/cs38/feat_krohn_brody.html

7 Michael Cieply, *art.cit.*

8 http://www.jewishjournal.com/coverstory/article/ Jean-Luc Godard to get oscar questions of anti-semitism remain. L'article de Tom Tugend est daté du 6 octobre 2010.

faire, c'est qu'il leur revient de se désolidariser sans ambiguïté des contenus entremêlant un antiaméricanisme débridé et certaines assertions très offensantes à l'égard d'Israël, parfois à l'égard des Juifs en général et de certains Juifs en particulier, dont la pensée du créateur franco-suisse est malheureusement entachée.

Repères filmographiques

Charlotte et Véronique ou Tous les garçons s'appellent Patrick (1957, 21 mn)

A bout de souffle (1959-60)

Le Petit Soldat (1960)

Une Femme est une Femme (1961)

Vivre sa Vie (1962)

Les Carabiniers (1963)

Le Mépris (1963)

Une Femme Mariée (1964)

Bande à part (1964)

Alphaville (1965)

Pierrot le Fou (1965)

Masculin/Féminin (1965-66)

Made in USA (1966)

Deux ou trois choses que je sais d'elle (1966)

La Chinoise (1967)

Caméra-Oeil (1967, 15 mn, sketch du film *Loin du Vietnam*)

L'Amour, l'allée et retour des enfants prodigues (1967, 26 mn, sketch du film *Vangelo 70*)

Week-End (1967)

Le Gai Savoir (1968)
One American Movie (1968, inachevé)
One+One (1968)
Un film comme les autres (1968)
British Sounds (1969)
Pravda (1969)
Vent d'Est (1970)
Luttes en Italie (1971)
Vladimir et Rosa (1971)
Tout va bien (1972)
Letter to Jane (1972)
Ici et ailleurs (1974)
Numéro deux (1975)
Comment ça va (1976, 78 mn)
Six fois deux, sur et sous la communication (1976)
France tour détour deux enfants (1979)
Sauve qui peut (la vie) (1980)
Lettre à Freddy Buache (1981, 11 mn)
Passion (1981)
Scénario du film Passion (1982, 54 mn)
Prénom Carmen (1982)
Petites notes à propos de Je vous salue Marie (1983, 25 mn)
Je vous salue Marie (1984)
Détective (1985)
Soft and Hard (1985)
Grandeur et décadence d'un petit commerce de cinéma (1986)
Meeting Woody Allen (1986, 26 mn)

Soigne ta droite (1987)
King Lear (1987)
Armide (1987, sketch du film Aria)
Histoire (s) du Cinéma (1988-98)
On s'est tous défilés (1988, 11 mn)
Puissance de la parole (1988, 25mn)
Nouvelle Vague (1990)
Métamorphojean (1990, spots publicitaires de 5 à 30 secondes)
Allemagne 90 neuf zéro (1991)
Les enfants jouent à la Russie (1992, 60 mn)
Hélas pour moi (1993)
JLG/JLG Autoportrait de décembre (1995, 62 mn)
For Ever Mozart (1996)
The Old Place (1999, 49 mn)
Eloge de l'Amour (2001)
Liberté et Patrie (2002, 22 mn)
Notre Musique (2004)
Film Socialisme (2010)
Adieu au Langage (2014)
Le Livre d'Image (2018)

Bibliographie

Ouvrages de Jean-Luc Godard

2ou 3 choses que je sais d'elle, découpage intégral, Seuil/ Avant-scène, coll points, 1971

Introduction à une véritable histoire du cinéma, Editions Albatros, 1980

Des années Mao aux années 80, Collection Champs Flammarion, 1991

JLG/JLG, Phrases, P.O.L, 1996

Histoire(s) du Cinéma, Gallimard-Gaumont, coffret (4 volumes), 1998

Allemagne neuf zéro, Phrases, P.O.L, 1998

Jean-Luc Godard, Youssef Isaghpour, *Archélogie du cinéma et mémoire du siècle, dialogue*, ed.Farrago, 2000

Jean-Luc Godard par Jean-Luc Godard, tome 2, 1984-1998, édition établie par Alain Bergala, Cahiers du cinéma, 2004.

Eloge de l'amour, Phrases, P.O.L, 2001

Film Socialisme, Dialogues avec visages auteurs, P.O.L, 2010

Jean-Luc Godard, Documents, catalogue établi par Nicole Brenez, Didier Faroult, Michael Temple, James Williams, Michael Witt, Editions du Centre Pompidou, 2006

Autres ouvrages

Tim Adler, *La Mafia à Hollywood*, 2007, Nouveau Monde éditions, 2012

Jacques Aumont, *Amnésies, Fictions du cinéma d'après Jean-Luc Godard*, P.O.L, 1999

Antoine de Baecque, *Jean-Luc Godard, biographie*, Grasset, 2010

Alain Bergala, *Godard au travail, les années soixante*, Les Cahiers du Cinéma, 2006

Alain Bergala, *Nul mieux que Godard*, Cahiers du Cinéma, 1999

Richard Brody, *Everything is cinema : The Working Life of Jean-Luc Godard*, Metropolitan Books, 2008.

Richard Brody, *Jean-Luc Godard, Tout est cinema*, Presses de la Cité, Paris, 2011, (traduction française de *Everything is cinema)*

Zoé Bruneau, *En attendant Godard, Chapitre 1, Chapitre 2,* Maurice Nadeau, 2014.

Saad Chakali, *Jean-Luc Godard dans la relève des archives du mal*, L'Harmattan, 2017.

Marc Cérisuelo, *Jean-Luc Godard*, L'Herminier éditions des Quatre –Vents, 1989

Maurice Darmon, *La question juive de Jean-Luc Godard, Filmer après Auschwitz*, édition Le temps qu'il fait, 2010

Gilles Delavaud, Jean-Pierre Esquanazi, Marie-France Roche, (Sous la dir.), *Godard et le métier d'artiste*, L'Harmattan, 2001

Gilles Deleuze, *Cinéma 2, L'image-Temps*, Editions de minuit, 1983

Georges Didi-Huberman, *Images malgré tout,* Editions de minuit, 2003

Georges Didi-Huberman, *Passés cités par JLG, L'œil de l'Histoire 5*, Editions de Minuit, 2015

Wheeler Winston Dixon, *The films of Jean-Luc Godard*, State University of New-York Press, 1997

Jean-Luc Douin, *Jean-Luc Godard, Dictionnaire des passions,* Stock, 2010.

Jean-Pierre Esquenazi, *Godard et la société française des années 1960*, Armand Colin, 2004

David Faroult, *Godard, Inventions d'un cinéma politique*, Les prairies ordinaires, 2018.

Alain Fleischer, *Réponse du Muet au Parlant, en retour à Jean-Luc Godard*, Le Seuil, 2011

Arnaud Gigue, *Truffaut et Godard*, CNRS Editions, 2014.

Romain Goupil, *Entretiens avec Bernard Lefort*, éditions Punctum, 2005

Frédéric Hardouin, *Le cinématographe selon Godard, Introduction aux* Histoire(s) du cinéma *ou réflexion sur le temps des arts*, L'Harmattan, 2007

Stefan Kristensen, *Jean-Luc Godard philosophe*, L'Age d'Homme, 2014.

Raymond Lefèvre, *Jean-Luc Godard*, Edilig, 1983

Bernard-Henri Lévy, *Le Siècle de Sartre*, Grasset, 2000, Le Livre de poche

Suzanne Liandrat-Guigues et Jean-Louis Lieutrat, *Godard simple comme bonjour*, L'Harmattan, 2004

Maryel Locke and Charles Warren (edited by), *Jean-Luc Godard's Hail Mary, Women and the Sacred in Film*, Southern Illinois University Press, 1993

Colin MacCabe, *Jean-Luc Godard, a Portrait of the Artist at Seventy*, Bloomsbury, Publishing PLC, 2004.

Curzio Malaparte. *La peau*, Folio, 2012

Jacques Mandelbaum, *Jean-Luc Godard*, Le Monde/Les Cahiers du Cinéma, 2007

Michel Marie, *Le Mépris, Jean-Luc Godard*, Nathan, Synopsis, 1995

Anne Marquez, *Godard, Le dos au musée, histoire d'une exposition*, Les presses du réel, 2014

Daniel Morgan, *Late Godard and the Possibilities of Cinema*, University of California Press, 2013

Douglas Morrey, Christina Stojanova, Nicole Coté, editors, *The Legacy of Jean-Luc Godard,* Wilfrid Laurier University Press, 2014.

François Nemer, *Godard (Le cinéma)*, Découvertes Gallimard, 2006

Pascal Noblet, *L'Amérique des minorités, les politiques d'intégration*, L'Harmattan, 1993

Bamchade Pourvali, *Godard neuf zéro, les films des années 90 de Jean-Luc Godard*, éditions Séguier Archimbaud, 2006

Philippe Roger, *L'ennemi américain, Généalogie de l'antiaméricanisme français*, Seuil, collection Points, 2002

Céline Scémama, *Histoire(s) du cinéma de Jean-Luc Godard, la force faible d'un art*, L'Harmattan, 2006

Olivier Séguret, *Godard Vif*, G3J, 2015

Geneviève Sellier, *La Nouvelle Vague, Un cinéma au masculin singulier*, CNRS Ed., 2005

Louis-Albert Serrut, *Jean Luc Godard , cinéaste acousticien. Des emplois et usages de la matière sonore dans ses œuvres cinématographiques*, L'Harmattan, 2011

Louis-Albert Serrut (sous la dir.), *Le Cinéma de Jean-Luc Godard et la philosophie*, L'Harmattan, 2019.

Zeev Sternhell, *Ni droite, ni gauche, L'idéologie fasciste en France*, Gallimard, folio, 2012.

Michael Temple, James S Williams, Michael Witt (edited by), *For Ever Godard*, Black dog publishing, London, 2007.

Ben Urwand, *Collaboration, Le Pacte entre Hollywood et Hitler*, Bayard, 2014.

Marina Vlady, *24 images/seconde*, Fayard, 2005

Anne Wiaziemsky, *Une Année Studieuse*, *Nrf* Gallimard, 2012

Michael Witt, *Jean-Luc Godard, Cinema Historian*, Indiana University Press, 2013.

Articles

Louis Aragon, « Qu'est-ce que l'Art, Jean-Luc Godard ? », *Les Lettres Françaises*, n°1096, 9 septembre 1965

Jacques Aumont, « Note sur *Pravda* », *Cahiers du Cinéma, spécial Godard*, 1991

Tahar Ben Jalloun, « Le cinéma de Godard, une façon de se débrouiller avec ce que l'on a », propos recueillis par Simone Suchet, *CinémAction*, n° 52, 1989.

Alain Bergala, « Note sur *Luttes en Italie* », *Cahiers du Cinéma, Spécial Godard*, 1991

Michael Cieply, « Hollywood Production : An Honorary Oscar Revives a Controversy », *The New York Times*, 2 novembre 2010

Daniel Cohn-Bendit, « Godard, mon ami », *Le Monde*, 26 et 27 décembre 2010

Lucie Degas, « *Allemagne année 90 neuf zéro,* La mémoire fait l'histoire », *CinémAction*, n°109, 2003

Jean-Luc Douin, « Godard et ses idées fixes », *Le Monde des Livres*, 28 janvier 2011

Jean-Pierre Esquanazi, « Les mondes godardiens, paraphrase de notre monde ». in *Godard et le métier d'artiste*, (sous la dir.) Gilles Delavaud, Jean-Pierre Esquanazi,

Marie-France Roche, L'Harmattan, 2001

Thierry Jousse, « Note sur *Letter to Jane », Cahiers du cinéma, spécial Jean-Luc Godard, trente ans déjà*, 1991

Bill Krohn, "*Kinbrody and the Ceejays : Richard Brody's Everything Is Cinema",* 2010 http://www.cinema-scope.com/cs38/feat_krohn brody.html

Bernard-Henry Lévy, « Godard et l'antisémitisme, pièces additionnelles et inédites », *Blog La Règle du jeu*, 6 avril 2010

Jacques Mandelbaum, « Godard, phénix du cinéma »,*Le Monde*, 12 mars 2010

Laura Mulvey, « Godard, images de femmes, images de sexe », *Champs de l'audiovisuel n°15*, L'Harmattan, 1980

Jean Narboni, « Tous les autres s'appellent Meyer »*, Revue Trafic*, n°3, été 1992

Michel Pollac, propos recueillis par Simone Suchet, « Godard, un « échec » qui restera dans l'histoire du cinéma », *CinémAction*, n°52, 1989.

René Prédal, « L'anachorète de Rolle », *CinémAction*, n° 52, 1989.

Isabelle Regnier, « Godard, les Rolling Stones et la dynamique de création », *Le Monde*, 5 mai 2006

Jean-Paul Sartre, « Villes d'Amérique », (Le Figaro, 11-12 mars 1945), *Situations III*, Gallimard 1994

Geneviève Sellier : « Représentations des rapports de sexe dans les premiers films de Jean-Luc Godard », *Godard et le métier d'artiste*, (sous la dir.) Gilles Delavaud, Jean-Pierre

Esquanazi, Marie-France Roche, L'Harmattan, 2001

Olivier Séguret, « Nouvelle salve contre Godard », *Libération*, mardi 8 mars 2011

Daniel Serceau, « L'anti flash-back », *CinémAction*, n°109, 2003

Sally Shafto, « Retour sur l'ontologie de l'image photographique ou les maîtres du flou : les œuvres de jeunesse de Jean-Luc Godard et de Gerhard Richter » in *Godard et le métier d'artiste*, (sous la dir.) Gilles Delavaud, Jean-Pierre Esquanazi, Marie-France Roche, L'Harmattan, 2001

Serge Toubiana, « Note sur *Vent d'Est* », *Cahiers du Cinéma, spécial Godard*, 1991

Tom Tugend, http://jewishjournal.com/coverstory/ «Jean-Luc to get Oscar, questions of anti-semitism remain, 6 octobre 2010

Périodiques

CinémAction, *Le cinéma selon Godard*, n°52, 1989

CinémAction, *Où en est le God-Art ?* n°109, 2003

Revue Belge du Cinéma, *Jean-Luc Godard, Les films*, n°16, 1986

Cahiers du Cinéma, *Spécial Godard, trente ans depuis*, 1991

Art du Cinéma, *Jean-Luc Godard*, n°84-85-86, 2014

Table

Structures éditoriales du groupe L'Harmattan

L'Harmattan Italie
Via degli Artisti, 15
10124 Torino
harmattan.italia@gmail.com

L'Harmattan Hongrie
Kossuth l. u. 14-16.
1053 Budapest
harmattan@harmattan.hu

L'Harmattan Sénégal
10 VDN en face Mermoz
BP 45034 Dakar-Fann
senharmattan@gmail.com

L'Harmattan Cameroun
TSINGA/FECAFOOT
BP 11486 Yaoundé
inkoukam@gmail.com

L'Harmattan Burkina Faso
Achille Somé – tengnule@hotmail.fr

L'Harmattan Guinée
Almamya, rue KA 028 OKB Agency
BP 3470 Conakry
harmattanguinee@yahoo.fr

L'Harmattan RDC
185, avenue Nyangwe
Commune de Lingwala – Kinshasa
matangilamusadila@yahoo.fr

L'Harmattan Congo
67, boulevard Denis-Sassou-N'Guesso
BP 2874 Brazzaville
harmattan.congo@yahoo.fr

L'Harmattan Mali
Sirakoro-Meguetana V31
Bamako
syllaka@yahoo.fr

L'Harmattan Togo
Djidjole – Lomé
Maison Amela
face EPP BATOME
ddamela@aol.com

L'Harmattan Côte d'Ivoire
Résidence Karl – Cité des Arts
Abidjan-Cocody
03 BP 1588 Abidjan
espace_harmattan.ci@hotmail.fr

L'Harmattan Algérie
22, rue Moulay-Mohamed
31000 Oran
info2@harmattan-algerie.com

L'Harmattan Maroc
5, rue Ferrane-Kouicha, Talaâ-Elkbira
Chrableyine, Fès-Médine
30000 Fès
harmattan.maroc@gmail.com

Nos librairies en France

Librairie internationale
16, rue des Écoles – 75005 Paris
librairie.internationale@harmattan.fr
01 40 46 79 11
www.librairieharmattan.com

Librairie l'Espace Harmattan
21 bis, rue des Écoles – 75005 Paris
librairie.espace@harmattan.fr
01 43 29 49 42

Lib. sciences humaines & histoire
21, rue des Écoles – 75005 Paris
librairie.sh@harmattan.fr
01 46 34 13 71
www.librairieharmattansh.com

Lib. Méditerranée & Moyen-Orient
7, rue des Carmes – 75005 Paris
librairie.mediterranee@harmattan.fr
01 43 29 71 15

Librairie Le Lucernaire
53, rue Notre-Dame-des-Champs – 75006 Paris
librairie@lucernaire.fr
01 42 22 67 13

www.ingramcontent.com/pod-product-compliance
Lightning Source LLC
LaVergne TN
LVHW010428230826
846092LV00009BA/1088
* 9 7 8 2 3 4 3 2 0 2 1 6 7 *